# 思考停止で作れる！
## ゆずの ゆる無添加献立レシピ
1食ひとり300円台で6週間

ゆず／著

KADOKAWA

# はじめに

## Introduction

もともと、独身時代は料理の必要性を感じでなかったので自炊経験ゼロでした。
それが結婚して母になったことがきっかけで、
「家族に健康でいてほしい」
「家に帰りたくなるごはんを作りたい」
「そもそも家計がキツいから外食ばかりは無理」
と状況も考えも変わり、料理をはじめました。
でも、毎日ごはんを作るのは想像以上に大変だと知りました。
「今日の献立どうしよう、レシピ検索しなきゃ、
ああもうこんな時間だ、買い出し行かなきゃ。
○円以内には収めたい、冷蔵庫にこれ余ってた（汗）」などなど、
気づけばご飯のことを考えてるし、1日中キッチンに立ってるような毎日で、
私の中で"料理＝憂鬱なもの"になっていきました。
それでも作るしかないなら、ストレスを最小限にしたい！という思いで、
試行錯誤して、少しずつ自分にとって
ストレスの少ないごはん作りができるようになりました。
私が重視しているのは、完璧な献立でも本格的な料理でもありません。
なるべく健康なものを選び、なるべく簡単な方法で作る。
とっておきのおしゃれなメニューじゃないけど、
飽きがこなくて家族が喜ぶごはんを心がけています。
基本の献立の型を知り、自分の中の鉄板簡単メニューが増えれば、
毎日のごはん作りのストレスは減らせます。
でもそれを考えたり覚えていくのがまず大変ですよね。

フォロワーさんからもたくさんの悩み・相談をいただいていたので、
買い出しリストから～献立作り～レシピまで、
「思考停止で作れる・考えなくて済む・悩まなくて良くなる」
そんな献立レシピ本をみなさんにお届けしたいと思いました。

ゆず

# 本書の使い方

How to Use this book

私自身は買い出し前に献立をきっちり決めることはしていません。
まず肉、魚などのメイン食材を3〜4日分、あとはそのとき安い野菜などの食材を目標金額分買い、細かい献立は冷蔵庫の食材を見ながらその日に決めています。
買い出し頻度が多いと手間になるし、無駄な買い物が増える。逆に頻度が少ないと、一度の買い物の量が多くなってしまい、買い出しも食材管理も大変。家族の人数にもよると思いますが、私は今までいろいろ試した中で、「週に2回」程の買い物がちょうど良く、続けています。
献立を決めるのが先か、買い出しに行くのが先か、は自分に合ったほうで良いと思いますが、「献立を考えること」「買い出し食材を頭でまとめること」自体が大変な工程ですよね。
本書ではそうした私の試行錯誤から得た経験をもとに再構築して、1週間の献立を6週間分用意しました。
買い出しリストも設けてわかりやすいように写真も載せました。そのまま真似するだけで1週間の献立・買い出しを考えなくて良くなります！

- 月曜〜日曜日まで1週間分（7日間）の献立を6週分載せています。
- 毎日の献立の頭には【この日の材料まとめ】欄を設けて食材を用意しやすくしました。
- レシピの材料欄で■のついているものは、まとめ買いの対象になっているものです。
- それぞれの週の最後に【買い出しリスト（前半・後半）】を設けました。
- 材料の前半買い出しは月曜日に、後半買い出しは木曜日にします。
- COLUMNではテーマを設けて1品メニューを紹介しています。
- 献立を利用されない場合は、食材別インデックスで料理単品の検索ができます。

# 献立づくりの方針

Menu policy of this book

## 一汁三菜

丼ものや麺類だと満足感はありますが炭水化物の取りすぎになってしまいがちですし、炭水化物を取りすぎないようにする場合、おかず一品だと物足りなくなってしまいがち。なので私は健康面と満足感を考えて、一汁三菜の日が多いです。おかず3品でも無理なく作れるように副菜は特に簡単なものにしています。

## ゆる無添加

添加物を気にするようになったのも子どもができたことがきっかけでした。健康のことを考えて添加物はひかえたい、でも完全無添加だとコストや時間がかなりかかったり、既製品にたよれなかったり、そもそもスーパーに売ってないこともあるので、ストレスのない範囲で無添加生活をしています。それを"ゆる無添加"と表現しています。調味料は、選択肢があれば無添加のものを選び、食材は、国産を選んでいます（添加物の表示は添加物欄に書いてあったり、/や改行で区切ってあるのでそれを見て確認しています）。しょうがやにんにくはチューブのものは買わず、すりおろして使っています。また、だしについては昆布のだしを毎食そのつどとっています。

## 家族4人1週間分の食費を1万円以内に収める

オーガニックな食材や無添加のものを選ぶとどうしても食費はふくらみがちですが、それでも毎月予算内での安定した食費を心がけています。切り詰めすぎず、無理のない範囲で、栄養や健康のことも考えながら、満足感が得られる食事を。
この本に掲載している献立は、家族4人分（大人2人＋子ども2人）です。
金額にすると、1食ひとり300円台です。飛び抜けて安価ではないかもしれませんが、常に目標の予算を意識することが大切だと思っています。

1週間の食費代
（約10000円以内÷7日）÷家族4人＝1食ひとり357円

# 私が実践しているシンプルな献立づくり
The simple menu planning I practice

### STEP 1
### 主菜を決める
自分や家族の食べたいものに。

### STEP 2
### 副菜2品を決める
主菜と副菜A、副菜Bの味付けや使う食材がなるべくかぶらないように。主菜が魚でボリュームを出しにくければ、副菜はチーズなどでこってり感を出したり、肉・他の魚介・練りものなどでボリュームを出す。主菜がこってり重い系なら、副菜は野菜メインであっさりさせるなど全体のバランスを取る。主菜でも副菜でも使わなかった食材は汁ものの具材にする。品数が少ない日も設けて、毎日のご飯作りが嫌にならないようにする。

### STEP 3
### なるべく全部同時調理にして
### 時短を心がける
副菜は量が少なめなのでレンジで作るのが楽ちんだったりしますが、主菜は量が多いので、レンジだとムラができやすくむしろフライパンが楽。汁ものはお鍋、主菜はフライパン、副菜Aはレンジ、副菜Bは加熱なし、などなるべく全部同時調理できる方法にすることで時短にもなる。

# この本をお読みになる前に

## 分量表記について

- 大さじ1は15㎖、小さじ1は5㎖です。
- しょうが、にんにくの1かけは、すりおろしチューブに換算する場合、小さじ1を目安にお使いください。
- この本のレシピの分量は、特に記載のない場合、4人分（大人2人＋子ども2人）です。※子どもは小学校低学年以下を想定

## 材料について

- だしは基本的に「昆布だし」※を使っています。だしは、お好みの無添加だしパックなども活用するとよいでしょう。
  ※「昆布だし」のとり方／昆布を軽くふいたて水に30分つけてから、弱～中火でじっくり煮出し、沸騰寸前に昆布を取り出す。
- 油はこめ油を使用。お好みの植物油をお使いください。
- 味噌は、合わせみそを使っています。お好みの味噌をお使いください。
- めんつゆは、3倍濃縮タイプのものです。
- すし酢は市販のもの。
- バターは有塩を使っています。
- 水溶き片栗粉は、特に記載のない場合、片栗粉1：水2の割合で溶いたもの。
- 材料欄に■がついている食材は、買い物リスト対象のもの。それ以外の材料は常備品（ストック）で、買い出しリスト対象外です。
  ご参考までに、常備品（ストック）※を下記に紹介しています。

※わが家の常備品（ストック）
【各種調味料】
塩／しょうゆ／みりん／てんさい糖／味噌／酢／ポン酢／酒／ブラックペッパー／一味唐辛子／わさび（チューブのものを使用）
【油】
米油／ごま油／オリーブオイル／バター
【だしの素】
めんつゆ（3倍濃縮タイプ）／白だし／コンソメ（顆粒）／鶏ガラスープの素（顆粒）
【乳製品】
豆乳／スライスチーズ

【ソース＆合わせ調味料】
ケチャップ／中濃ソース／オイスターソース／マヨネーズ／コチュジャン／豆板醤／ラー油／カレールウ／塩こうじ／はちみつ／マスタード／粒マスタード／レモン汁／クレイジーソルト／キムチの素

【粉もの】
片栗粉／パン粉／マカロニ

【乾物】
乾燥わかめ／乾燥ひじき　※水戻し不要タイプを使用

【トッピング材料】
白ごま／すりごま／青のり／パセリ（乾燥）／鷹の爪（小口切り）／かつお節／刻みのり／焼きのり／天かす／塩昆布

## 食材の保存方法について

- 肉・魚介類は買い出し当日と翌日に使う分以外は1日分ずつに小分けして冷凍します。使う前日に冷蔵庫で解凍するか、使う日にレンジの解凍モードで解凍しています。
- 野菜類はラップをして冷蔵。大葉は、ビンに少量の水を入れて軸を下にして入れ、ラップかふたをして冷蔵すると乾燥しにくい。

※材料は冷凍保存・冷蔵を活用して、調理の際に使いたい分だけ使う。
しょうが・にんにく→多めにすりおろしたり、みじん切りにして冷凍。
小ねぎ1束→小口切り（大さじ15ほど）にして冷凍。
きのこ類→ハサミでカットしながら直接チャック付きビニール袋に入れて冷凍。
葉物野菜→食べやすく切って冷凍。

## その他の注意点

- 電子レンジの加熱時間は、600Wの場合の目安です。
- フライパンはフッ素樹脂加工のものを使っています。
- 28P、44P、60P、76P、92P、108Pの買い出しページに記載されている食材の金額は2024年12月時点のものです。

**CONTENTS** ⋮⋮⋮

はじめに…2 / 本書の使い方…3 / 献立づくりの方針…4 /

私が実践しているシンプルな献立づくり…5 / この本をお読みになるまえに…6

# ❶ 週目　　　　　　　　　　　　　　　　　　　　　　　　　　14

**月曜日**　放置で完成！ 炊飯肉じゃが…15 / こども爆食い！ 大根フライ…15 / 箸が止まらない無限きゅうり…15 / きのこと卵のお味噌汁…15

**火曜日**　バター香る♪ ぶりの照り焼き…16 / おつまみにも！ かりかりキムチーズ…17 / さっぱり！ 大根の和風サラダ…17 / ほっこり♡温まるねぎ豚汁…17

**水曜日**　さっぱり！ 豚こまおろし冷しゃぶ…18 / レンジで1発！ バタぽんきのこ…19 / レンジで簡単！ にんじんとちくわのマヨわさび和え…19 / 残ったワンタンの皮で！ふわふわ中華風スープ…19

**木曜日**　アボカドとマグロのガリわさ漬け丼…20 / とろっとろ！ なすの照り焼き…21 / まちがいない味！ れんこん明太マヨ和え…21 / 大根とわかめのお味噌汁…21

**金曜日**　ボウル不要！ ワンパンミートボール…22 / ヨーグルトでさっぱり！ かぼちゃサラダ…23 / キャベツとちくわのレモン和え…23 / ふわふわ卵スープ…23

**土曜日**　ご飯がすすむ♪ガーリックしょうゆチキン…24 / 和えるだけ簡単♡トマツナさっぱり和え…25 / やみつき！ きゃべちーマヨサラダ…25 / ほっこりじゃがバタコーンのお味噌汁…25

**日曜日**　大葉香る♪おろしだれチキン…26 / レンジで簡単！ 無限なす…27 / 見た目も可愛い♡包みポテサラ…27 / キャベツと卵のお味噌汁…27

1週目　前半・後半の買い出し…28

**COLUMN** あまりがち食材の消費おかず：チーズインガレット / にんじんグラッセ / ふわふわお好み焼き…29

# ❷ 週目　　　　　　　　　　　　　　　　　　　　　　　　　　30

**月曜日**　鮭としめじのレモンバターソテー…31 / こってり青のりクリチポテサラ…31 / かりじゅわ♡なすの唐揚げ…31 / 白菜とお豆腐のお味噌汁…31

**火曜日**　こくうま♪ 白菜と豚バラのクリーム煮…32 / シャキッと食感♡キャロットラペ…33 / レンジで簡単！ えのきなす…33 / マカロニ野菜スープ…33

**水曜日**　やみつき！ 甘辛ねぎだれチキン…34 / 絶品♡生ハムユッケ…35 / 簡単美味しい！ キムチ冷奴…35 / ふわふわ卵白スープ…35

**木曜日**　こどもも食べやすい！ 辛くない麻婆豆腐…36 / お鍋不要！ レンジで絶品春雨サラダ…37 / ひんやり辛うま♡キムチナムル…37 / こってりピリ辛胡麻豆乳スープ…37

**金曜日**　ご飯によく合う♡豚こまなす…38 / 簡単♪こまツナにんじん和え…39 / 風味抜群！ さっぱりだしトマト…39 / わかめのごま味噌汁…39

**土曜日**　箸が止まらない♪ ささみマヨ…40 / 定番美味しい！ きゅうりとちくわの塩昆布和え…41 / とろっとピリ辛なすの中華和え…41 / 春雨スープ…41

**日曜日**　ふんわり♡たらのレモンバターソテー…42 / ごま香る♪レタスとちくわのマヨサラダ…43 / レンジで1発！ エリンギポテト…43 / 玉ねぎとお豆腐の味噌汁…43

2週目　前半・後半の買い出し…44

**COLUMN** ひとりのときのレンチンお手軽うどん：豚キムうどん / 鶏ねぎ塩うどん / きのこクリームうどん…45

## 3週目 ... 46

**月曜日** ふわふわ♡れんこんつくねばーぐ…47 / 栄養たっぷり♪ひじきのマヨサラダ…47 / トマトときゅうりのあっさりごま和え…47 / しめじと大根のお味噌汁…47

**火曜日** こってり美味しい♡たらの味噌マヨ焼き…48 / レンジで手間なし！大根とちくわの煮物…49 / もやしきゅうりツナの中華風サラダ…49 / ブロッコリーと豆腐のお味噌汁…49

**水曜日** ぺろっと完食！鶏もものみぞれ煮…50 / ほくほく♡さつまいも塩バター…51 / ゆで卵とブロッコリーのハニーマスタード和え…51 / にんじんとわかめのお味噌汁…51

**木曜日** かりかりプリプリ！えびアボチーズ春巻き…52 / 手間なし！もやしと小松菜のごまナムル…53 / シンプルうまい♡キムチきゅうり和え…53 / しめじキャベツ中華スープ…53

**金曜日** ボリューム満点！絶品豚こまキムチ…54 / 食感抜群♪きゅうりとごぼうのマヨサラダ…55 / レンジで簡単♡さつまいもの甘煮…55 / 大根とひき肉のとろとろスープ…55

**土曜日** 絶品♡豚とごぼうとしめじの和風炒め…56 / ぱりぽりが止まらない！大根のさっぱり漬け…57 / コツなし！超速だしやっこ…57 / 玉ねぎとさつまいものお味噌汁…57

**日曜日** ほろほろ♡トマキャベチキン…58 / また作って！と子どもにいわれたツナたまサラダ…59 / 小松菜とゆで卵の簡単マヨ和え…59 / えのきと豆腐のお味噌汁…59

3週目　前半・後半の買い出し…60

**COLUMN** 物足りない日の3分副菜：枝豆ペペロン / アボカドちくわの明太和え / トマトクリームチーズ和え…61

## 4週目 ... 62

**月曜日** 相性抜群♡アボチーチキン…63 / レンジで一発！トマトとなすのガーリックマリネ…63 / ツナとブロッコリーのマヨ和え…63 / オニオンスープ…63

**火曜日** 鶏むね肉としめじのコクうまクリーム炒め…64 / 5分で完成！なすとピーマンの照り焼き…65 / レンジで簡単！にんじんしりしり…65 / 豆腐とのりのスープ…65

**水曜日** 定番中の定番！手羽中の甘辛炒め…66 / じゅわっと絶品♡レンジでピーマンの煮浸し…67 / 食感も楽しめる♪エリンギとこんにゃくのピリ辛炒め…67 / 大根にんじんお味噌汁…67

**木曜日** たらとブロッコリーの和風パスタ…68 / 豆腐のコロコロ照り焼き…69 / トマトとささみのスープ…69

**金曜日** 豚こま白菜のとろとろ炒め…70 / 味見でなくなる！えのきときゅうりのツナ和え…71 / レンチンかぼちゃ煮物…71 / 中華風たまごスープ…71

**土曜日** 豚こま塩だれ炒め…72 / 食べたらハマる！マヨ春雨サラダ…73 / ジュワッと美味しい！大根ステーキ…73 / なすのお味噌汁…73

**日曜日** 香り抜群！ささみ大葉カツ…74 / 豆苗のマヨサラダ…75 / さつまいものきんぴら…75 / 大根とわかめのお味噌汁…75

4週目　前半・後半の買い出し…76

**COLUMN** 一品で栄養満点ごはん：野菜たっぷり豚ひき肉カレー / レンチンビビンバ丼 / 炊飯器で一発ピラフ…77

 週目 ... 78

| 月曜日 | 箸が止まらないチャプチェ…79 / 相性抜群！キムチーズサラダ…79 / きゅうりとれんこんの味噌マヨ和え…79 / 鶏手羽元の中華スープ…79 |
| --- | --- |
| 火曜日 | とろとろねぎとなす入り照り焼きチキン…80 / ピーマンもやしのさっぱりレモン和え…81 / シーザーサラダ…81 / えのきとキャベツのお味噌汁…81 |
| 水曜日 | 子どもも喜ぶ！なすチーズ肉巻き…82 / きゅうりとトマトのさっぱり酢のもの…83 / えのきとにんじんのあんかけ豆腐…83 / 根菜のお味噌汁…83 |
| 木曜日 | ぶりときのこのみぞれ煮…84 / 簡単！キャベツのマヨ和え…85 / ズボラ麻婆なす…85 / かぼちゃと玉ねぎのお味噌汁…85 |
| 金曜日 | ザクザク！手羽中の塩こうじ唐揚げ…86 / ボリューム抜群！具だくさんサラダ…87 / ねぎだれ卵…87 / 小松菜とちくわのスープ…87 |
| 土曜日 | お手軽ワンパンミートソースパスタ…88 / マグロのクリーミィーカルパッチョ…89 / 野菜のクリームスープ…89 |
| 日曜日 | ボリューム満点サラダチキン…90 / かぼちゃとちくわのきんぴら…91 / 小松菜となすの和えもの…91 / カニ玉とろとろスープ…91 |

5週目　前半・後半の買い出し…92

**COLUMN** 節約おかず：もやしのごまマヨ和え / えのきと豆苗のナムル / 玉ねぎソース冷やっこ…93

 週目 ... 94

| 月曜日 | ぶりとしめじのガーリック照り焼き…95 / きゅうりのごまダレ冷奴…95 / アボトマチーズ塩昆布あえ…95 / 玉ねぎの味噌汁…95 |
| --- | --- |
| 火曜日 | カリジュワッ！ガーリックチキン…96 / あっさり食べられる！きのこペペロン…97 / トマ玉生ハム和え…97 / 大豆と野菜のスープ…97 |
| 水曜日 | しみしみ大根と豚バラの卵とじ丼…98 / やみつき塩ダレきゅうり…99 / 小松菜にんじん豆腐のお味噌汁…99 |
| 木曜日 | 失敗なしのとろとろグラタン…100 / えびアボガーリック炒め…101 / フレンチドレッシングサラダ…101 / ごろごろトマトポトフ…101 |
| 金曜日 | チーズインポテトフライ…102 / たこときゅうりの酢のもの…103 / 味噌だれ大根…103 / ねぎと油揚げの味噌汁…103 |
| 土曜日 | 鶏ハムのねぎダレがけ…104 / 大根きゅうりツナわかめの中華サラダ…105 / キャベツのコチュジャン和え…105 / えび小松菜卵のスープ…105 |
| 日曜日 | 豚の生姜焼き…106 / 油揚げ小松菜にんじん和え…107 / エリンギ卵…107 / 豆腐となめこのお味噌汁…107 |

5週目　前半・後半の買い出し…108

**COLUMN** 朝おにぎり：チーズおかか大葉胡麻 / しらす小ねぎ塩昆布 / ツナキムチーズ…109

おわりに…110

# 食材別INDEX

INDEX

## 鶏肉

### 鶏もも肉
ご飯がすすむ♪ ガーリックしょうゆチキン ………… 24
大葉香る♪ おろしだれチキン ………… 26
やみつき！ 甘辛ねぎだれチキン ………… 34
鶏ねぎ塩うどん ………… 45
ぺろっと完食！ 鶏もものみぞれ煮 ………… 50
ほろほろ♡ トマキャベチキン ………… 58
相性抜群♪ アボチーチキン ………… 63
炊飯器で一発ピラフ ………… 77
とろとろねぎとなす入り照り焼きチキン ………… 80
カリジュワッ！ ガーリックチキン ………… 96
失敗なしのとろとろグラタン ………… 100

### 鶏ひき肉
こどもも食べやすい！ 辛くない麻婆豆腐 ………… 36
こってりピリ辛胡麻豆乳スープ ………… 37
ふわふわ♡れんこんつくねばーぐ ………… 47

### 鶏ささみ
箸が止まらない♪ ささみマヨ ………… 40
トマトとささみのスープ ………… 69
香り抜群！ ささみ大葉カツ ………… 74

### 鶏むね肉
鶏むね肉としめじのコクうまクリーム炒め ………… 64
ボリューム満点サラダチキン ………… 90
鶏ハムのねぎダレがけ ………… 104

### 鶏手羽中
定番中の定番！ 手羽中の甘辛炒め ………… 66
ザクザク！ 手羽中の塩こうじ唐揚げ ………… 86

### 鶏手羽元
鶏手羽元の中華スープ ………… 79

## 豚肉

### 豚こま切れ肉
放置で完成！ 炊飯器肉じゃが ………… 15
ほっこり♡温まるねぎ豚汁 ………… 17
さっぱり！ 豚こまおろし冷しゃぶ ………… 18
ご飯によく合う♡ 豚こまなす ………… 38
ボリューム満点！ 絶品豚こまキムチ ………… 54
絶品♡ 豚とごぼうとしめじの和風炒め ………… 56
豚こま白菜のとろとろ炒め ………… 70
豚こま塩だれ炒め ………… 72
箸が止まらないチャプチェ ………… 79

### 豚ひき肉
ボウル不要！ ワンパンミートボール ………… 22
野菜たっぷり豚ひき肉カレー ………… 77
レンチンピビンパ丼 ………… 77
ズボラ麻婆なす ………… 85
お手軽ワンパンミートソースパス ………… 88

### 豚バラ肉（薄切り）
こくうま♪ 白菜と豚バラのクリーム煮 ………… 32
豚キムうどん ………… 45
しみしみ大根と豚バラの卵とじ丼 ………… 98

### 豚ロース肉（薄切り）
子どもも喜ぶ！ なすチーズ肉巻き ………… 82
豚の生姜焼き ………… 106

## 魚介類

### 魚
バター香る♪ ぶりの照り焼き ………… 16
アボカドとマグロのガリわさ漬け丼 ………… 20
鮭としめじのレモンバターソテー ………… 31
ふんわり♡ たらのレモンバターソテー ………… 42
こってり美味しい♡ たらの味噌マヨ焼き ………… 48
たらとブロッコリーの和風パスタ ………… 68
ぶりきのこのみぞれ煮 ………… 84
マグロのクリーミィーカルパッチョ ………… 89
ぶりとしめじのガーリック照り焼き ………… 95

### むきえび
かりかりプリプリ！ えびアボチーズ春巻き ………… 52
えびアボガーリック炒め ………… 101
えび小松菜卵のスープ ………… 105

### タコ
たこときゅうりの酢のもの ………… 103

## 野菜

### にんじん
放置で完成！ 炊飯器肉じゃが ………… 15
レンジで簡単！ にんじんとちくわのマヨわさび和え ………… 19
にんじんグラッセ ………… 29
シャキッと食感♡ キャロットラペ ………… 33
マカロニ野菜スープ ………… 33
ふわふわ卵白スープ ………… 35
簡単♪ こまツナにんじん和え ………… 39
栄養たっぷり♪ひじきのマヨサラダ ………… 47
レンジで手間なし！ 大根とちくわの煮物 ………… 49
にんじんとわかめのお味噌汁 ………… 51
レンジで簡単！ にんじんしりしり ………… 65
大根にんじんお味噌汁 ………… 67
トマトとささみのスープ ………… 69
中華風たまごスープ ………… 71
レンチンピビンパ丼 ………… 77
炊飯器で一発ピラフ ………… 77
箸が止まらないチャプチェ ………… 79
えのきとにんじんのあんかけ豆腐 ………… 83
根菜のお味噌汁 ………… 83
野菜のクリームスープ ………… 89
大豆と野菜のスープ ………… 97
小松菜にんじん豆腐のお味噌汁 ………… 99
フレンチドレッシングサラダ ………… 101
ねぎと油揚げの味噌汁 ………… 103
油揚げ小松菜にんじん和え ………… 107

### 玉ねぎ
放置で完成！ 炊飯器肉じゃが ………… 15
ほっこり♡温まるねぎ豚汁 ………… 17
ボウル不要！ ワンパンミートボール ………… 22
マカロニ野菜スープ ………… 33
ふわふわ卵白スープ ………… 35
玉ねぎとお豆腐の味噌汁 ………… 43
玉ねぎとさつまいものお味噌汁 ………… 57
また作って！と子どもにいわれたツナたまサラダ ………… 59
オニオンスープ ………… 63
たらとブロッコリーの和風パスタ ………… 68
中華風たまごスープ ………… 71

野菜たっぷり豚ひき肉カレー 77
炊飯器で一発ピラフ 77
かぼちゃと玉ねぎのお味噌汁 85
お手軽ワンパンミートソースパスタ 88
玉ねぎソース冷やっこ 93
玉ねぎの味噌汁 95
トマ玉生ハム和え 97
大豆と野菜のスープ 97
失敗なしのとろとろグラタン 100
ごろごろトマトポトフ 101
豚の生姜焼き 106

## 大根
こども爆食い！ 大根フライ 15
さっぱり！ 大根の和風サラダ 17
さっぱり！ 豚こまおろし冷しゃぶ 18
大根とわかめのお味噌汁 21
大葉香る♪ おろしだれチキン 26
しめじと大根のお味噌汁 47
レンジで手間なし！ 大根とちくわの煮物 49
ぺろっと完食！ 鶏もものみぞれ煮 50
大根とひき肉のとろとろスープ 55
ぱりぱりが止まらない！ 大根のさっぱり漬け 57
大根にんじんお味噌汁 67
ジュワッと美味しい！大根ステーキ 73
大根とわかめのお味噌汁 75
ぶりきのこのみぞれ煮 84
野菜のクリームスープ 89
カニ玉とろとろスープ 91
大豆と野菜のスープ 97
しみしみ大根と豚バラの卵とじ丼 98
味噌だれ大根 103
大根きゅうりツナわかめの中華サラダ 105

## きゅうり
箸が止まらない無限きゅうり 15
見た目も可愛い♡包みポテサラ 27
絶品♡ 生ハムユッケ 35
お鍋不要！ レンジで絶品春雨サラダ 37
定番美味しい！きゅうりとちくわの塩昆布和え 41
トマトときゅうりのあっさりごま和え 47
シンプルうまい♡キムチきゅうり和え 53
食感抜群♪きゅうりとごぼうのマヨサラダ 55
味見でなくなる！ えのきときゅうりのツナ和え 71
食べたらハマる！ マヨ春雨サラダ 73
きゅうりとれんこんの味噌マヨ和え 79
きゅうりとトマトのさっぱり酢のもの 83
きゅうりのごまダレ冷奴 95
やみつき塩ダレきゅうり 99
たこときゅうりの酢のもの 103
大根きゅうりツナわかめの中華サラダ 105

## トマト
和えるだけ簡単♡トマツナさっぱり和え 25
風味抜群！ さっぱりだしトマト 39
トマトときゅうりのあっさりごま和え 47
ほろほろ♡ トマキャベチキン 58
トマトクリームチーズ和え 61
レンジで一発！トマトとなすのガーリックマリネ 63
トマトとささみのスープ 69
野菜たっぷり豚ひき肉カレー 77
シーザーサラダ 81
きゅうりとトマトのさっぱり酢のもの 83
ボリューム抜群！具だくさんサラダ 87
お手軽ワンパンミートソースパスタ 88
ボリューム満点サラダチキン 90
アボトマチーズ塩昆布あえ 95
トマ玉生ハム和え 97
ごろごろトマトポトフ 101

## なす
とろっとろ！ なすの照り焼き 21

レンジで簡単！ 無限なす 27
かりじゅわ♡なすの唐揚げ 31
レンジで簡単！ えのきなす 33
ご飯によく合う♡ 豚こまなす 38
とろっとピリ辛なすの中華和え 41
レンジで一発！トマトとなすのガーリックマリネ 63
５分で完成！ なすとピーマンの照り焼き 65
なすのお味噌汁 73
野菜たっぷり豚ひき肉カレー 77
とろとろねぎとなす入り照り焼きチキン 80
子どもも喜ぶ！ なすチーズ肉巻き 82
ズボラ麻婆なす 85
小松菜となすのめんつゆ和え 91

## 長ねぎ
ほっこり♡温まるねぎ豚汁 17
やみつき！ 甘辛ねぎだれチキ 34
こどもも食べやすい！ 辛くない麻婆豆腐 36
鶏ねぎ塩うどん 45
トマトとささみのスープ 69
豚こま塩だれ炒め 72
大根とわかめのお味噌汁 75
鶏手羽元の中華スープ 79
とろとろねぎとなす入り照り焼きチキン 80
根菜のお味噌汁 83
ねぎと油揚げの味噌汁 103
鶏ハムのねぎダレがけ 104

## キャベツ
キャベツとちくわのレモン和え 23
きゃべちーマヨサラダ 25
キャベツと卵のお味噌汁 27
ふわふわお好み焼き 29
しめじキャベツ中華スープ 53
ほろほろ♡ トマキャベチキン 58
炊飯器で一発ピラフ 77
えのきとキャベツのお味噌汁 81
簡単！ キャベツのマヨ和え 85
フレンチドレッシングサラダ 101
ごろごろトマトポトフ 101
キャベツのコチュジャン和え 105

## 小松菜
こってりピリ辛胡麻豆乳スープ 37
簡単♪ こまツナにんじん和え 39
手間なし！ もやしと小松菜のごまナムル 53
小松菜と卵の簡単マヨソテー 59
レンチンビビンパ丼 77
小松菜とちくわのスープ 87
野菜のクリームスープ 89
小松菜となすのめんつゆ和え 91
大豆と野菜のスープ 97
小松菜にんじん豆腐のお味噌汁 99
えび小松菜卵のスープ 105
油揚げ小松菜にんじん和え 107

## じゃがいも
放置で完成！炊飯器肉じゃが 15
ほっこりじゃがバタコーンのお味噌汁 25
見た目も可愛い♡包みポテサラ 27
チーズインガレット 29
こってり青のりクリチポテサラ 31
マカロニ野菜スープ 33
レンジで一発！ エリンギポテ 43
ごろごろトマトポトフ 101
チーズインポテトフライ 102

## もやし
ひんやり辛うま♡キムチナムル 37
もやしきゅうりツナの中華風サラダ 49
手間なし！ もやしと小松菜のごまナムル 53
ボリューム満点！ 絶品豚こまキムチ 54
レンチンビビンパ丼 77

11

ピーマンもやしのさっぱりレモン和え ……… 81
もやしのごまマヨ和え ……… 93

### アボカド
アボカドとマグロのガリわさ漬け丼 ……… 20
かりかりプリプリ！ えびアボチーズ春巻き ……… 52
アボカドちくわの明太和え ……… 61
相性抜群♡アボチーチキン ……… 63
マグロのクリーミィーカルパッチョ ……… 89
アボトマチーズ塩昆布あえ ……… 95
えびアボガーリック炒め ……… 101

### レタス（フリルレタスなども含む）
春雨スープ ……… 41
ごま香る♪ レタスとちくわのマヨサラダ ……… 43
相性抜群！ キムチーズサラダ ……… 79
シーザーサラダ ……… 81
ボリューム抜群！ 具だくさんサラダ ……… 87
ボリューム満点サラダチキン ……… 90

### ピーマン
5分で完成！ なすとピーマンの照り焼き ……… 65
じゅわっと絶品♡ レンジでピーマンの煮浸し ……… 67
野菜たっぷり豚ひき肉カレー ……… 77
箸が止まらないチャプチェ ……… 79
ピーマンもやしのさっぱりレモン和え ……… 81

### 白菜
白菜とお豆腐のお味噌汁 ……… 31
こくうま♪ 白菜と豚バラのクリーム煮 ……… 32
豚こま白菜のとろとろ炒め ……… 70
なすのお味噌汁 ……… 73

### れんこん
まちがいない味！ れんこん明太マヨ和え ……… 21
ふわふわ♡れんこんつくねばーぐ ……… 47
きゅうりとれんこんの味噌マヨ和え ……… 79
根菜のお味噌汁 ……… 83

### かぼちゃ
ヨーグルトでさっぱり！ かぼちゃサラダ ……… 23
レンチンかぼちゃ煮物 ……… 71
かぼちゃと玉ねぎのお味噌汁 ……… 85
かぼちゃとちくわのきんぴら ……… 91

### ブロッコリー
ブロッコリーと豆腐のお味噌汁 ……… 49
ゆで卵とブロッコリーのハニーマスタード和え ……… 51
ツナとブロッコリーのマヨ和え ……… 63
たらとブロッコリーの和風パスタ ……… 68

### さつまいも
ほくほく♡ さつまいも塩バター ……… 51
レンジで簡単♡さつまいもの甘煮 ……… 55
玉ねぎとさつまいものお味噌汁 ……… 57
さつまいものきんぴら ……… 75

### ごぼう
食感抜群♪きゅうりとごぼうのマヨサラダ ……… 55
絶品♡ 豚とごぼうとしめじの和風炒め ……… 56

### 豆苗
豆苗のマヨサラダ ……… 75
えのきと豆苗のナムル ……… 93

### 枝豆
枝豆ペペロン ……… 61

### 長芋
ふわふわお好み焼き ……… 29

## きのこ類

### しめじ
きのこと卵のお味噌汁 ……… 15
レンジで一発！ バタぽんきのこ ……… 19
鮭としめじのレモンバターソテー ……… 31

こってりピリ辛胡麻豆乳スープ ……… 37
きのこクリームうどん ……… 45
しめじと大根のお味噌汁 ……… 47
しめじキャベツ中華スープ ……… 53
絶品♡ 豚とごぼうとしめじの和風炒め ……… 56
鶏むね肉としめじのコクうまクリーム炒め ……… 64
ぶりきのこのみぞれ煮 ……… 84
ボリューム抜群！ 具だくさんサラダ ……… 87
ぶりとしめじのガーリック照り焼き ……… 95
あっさり食べられる！ きのこペペロン ……… 97

### えのき
きのこと卵のお味噌汁 ……… 15
レンジで一発！ バタぽんきのこ ……… 19
レンジで簡単！ えのきなす ……… 33
しめじキャベツ中華スープ ……… 53
ボリューム満点！ 絶品豚こまキムチ ……… 54
えのきと豆腐のお味噌汁 ……… 59
味見でなくなる！ えのきときゅうりのツナ和え ……… 71
えのきとキャベツのお味噌汁 ……… 81
えのきとにんじんのあんかけ豆腐 ……… 83
えのきと豆苗のナムル ……… 93
あっさり食べられる！ きのこペペロン ……… 97

### エリンギ
レンジで一発！ エリンギポテト ……… 43
食感も楽しめる♪エリンギとこんにゃくのピリ辛炒め ……… 67
えび小松菜卵のスープ ……… 105
エリンギ卵 ……… 107

### なめこ
豆腐となめこのお味噌汁 ……… 107

## 豆腐

### 絹ごし豆腐
白菜とお豆腐のお味噌汁 ……… 31
簡単美味しい！ キムチ冷奴 ……… 35
こどもも食べやすい！ 辛くない麻婆豆腐 ……… 36
玉ねぎとお豆腐の味噌汁 ……… 43
ブロッコリーと豆腐のお味噌汁 ……… 49
コツなし！超速だしやっこ ……… 57
えのきと豆腐のお味噌汁 ……… 59
豆腐とのりのスープ ……… 65
豆腐のコロコロ照り焼き ……… 69
中華風たまごスープ ……… 71
えのきとにんじんのあんかけ豆腐 ……… 83
玉ねぎソース冷やっこ ……… 93
きゅうりのごまダレ冷奴 ……… 95
小松菜にんじん豆腐のお味噌汁 ……… 99
豆腐となめこのお味噌汁 ……… 107

## 加工肉類

### ハム
見た目も可愛い♡包みポテサラ ……… 27
お鍋不要！ レンジで絶品春雨サラダ ……… 37

### 生ハム
絶品♡ 生ハムユッケ ……… 35
トマ玉生ハム和え ……… 97

### ベーコン
ボリューム抜群！ 具だくさんサラダ ……… 87

### ソーセージ
ごろごろトマトポトフ ……… 101

## 加工食品

### ちくわ
レンジで簡単！ にんじんとちくわのマヨわさび和え ……… 19
キャベツとちくわのレモン和え ……… 23
きゃべチーマヨサラダ ……… 25

定番美味しい！ きゅうりとちくわの塩昆布和え ……… 41
ごま香る♪ レタスとちくわのマヨサラダ ……… 43
栄養たっぷり♪ひじきのマヨサラダ ……… 47
レンジで手間なし！ 大根とちくわの煮物 ……… 49
アボカドちくわの明太和え ……… 61
小松菜とちくわのスープ ……… 87
かぼちゃとちくわのきんぴら ……… 91

### ツナ缶
和えるだけ簡単♡トマツナさっぱり和え ……… 25
簡単♪ こまツナにんじん和え ……… 39
もやしきゅうりツナの中華風サラダ ……… 49
また作って！と子どもにいわれたツナたまサラダ ……… 59
ツナとブロッコリーのマヨ和え ……… 63
味見でなくなる！ えのきときゅうりのツナ和え ……… 71

### キムチ
おつまみにも！ かりかりキムチーズ ……… 17
簡単美味しい！ キムチ冷奴 ……… 35
豚キムうどん ……… 45
シンプルうまい♡キムチきゅうり和え ……… 53
レンチンピビンパ丼 ……… 77
相性抜群！ キムチーズサラダ ……… 79

### カニカマ
食べたらハマる！ マヨ春雨サラダ ……… 73
豆苗のマヨサラダ ……… 75
簡単！ キャベツのマヨ和え ……… 85
カニ玉とろとろスープ ……… 91

### コーン缶
ほっこりじゃがバタコーンのお味噌汁 ……… 25
ゆで卵とブロッコリーのハニーマスタード和え ……… 51
豆苗のマヨサラダ ……… 75
野菜のクリームスープ ……… 89

### 春雨
お鍋不要！ レンジで絶品春雨サラダ ……… 37
春雨スープ ……… 41
食べたらハマる！ マヨ春雨サラダ ……… 73
箸が止まらないチャプチェ ……… 79

### しらたき
油揚げ ……… 000
ねぎと油揚げの味噌汁 ……… 103
油揚げ小松菜にんじん和え ……… 107

### こんにゃく
食感も楽しめる♪エリンギとこんにゃくのピリ辛炒め ……… 67

### しらす
簡単！ キャベツのマヨ和え ……… 85

### ひじき
栄養たっぷり♪ひじきのマヨサラダ ……… 47

### マカロニ
マカロニ野菜スープ ……… 33

### 大豆（水煮）
大豆と野菜のスープ ……… 97

### 塩昆布
キャベツのコチュジャン和え ……… 105

## チーズ類

### クリームチーズ
こってり青のりクリチポテサラ ……… 31
トマトクリームチーズ和え ……… 61
相性抜群！ キムチーズサラダ ……… 79
ボリューム抜群！ 具だくさんサラダ ……… 87
マグロのクリーミィーカルパッチョ ……… 89
チーズおかか大葉胡麻おにぎり ……… 109

### ベビーチーズ
おつまみにも！ かりかりキムチーズ ……… 17
ヨーグルトでさっぱり！ かぼちゃサラダ ……… 23
きゃべちーマヨサラダ ……… 25
子どもも喜ぶ！ なすチーズ肉巻き ……… 82
アボトマチーズ塩昆布あえ ……… 95

### モッツァレラチーズ
相性抜群♡アボチーチキン ……… 63
チーズインポテトフライ ……… 102

### ピザ用チーズ
チーズインガレット ……… 29
鶏むね肉としめじのコクうまクリーム炒め ……… 64

### スライスチーズ
かりかりプリプリ！ えびアボチーズ春巻き ……… 52

## 卵

### 生卵
残ったワンタンの皮で！ふわふわ中華風スープ ……… 19
ふわふわ卵スープ ……… 23
キャベツと卵のお味噌汁 ……… 27
絶品♡ 生ハムユッケ ……… 35
春雨スープ ……… 41
ゆで卵とブロッコリーのハニーマスタード和え ……… 51
しめじキャベツ中華スープ ……… 53
小松菜と卵の簡単マヨソテー ……… 59
レンジで簡単！ にんじんしりしり ……… 65
中華風たまごスープ ……… 71
レンチンピビンパ丼 ……… 77
カニ玉とろとろスープ ……… 91
しみしみ大根と豚バラの卵とじ丼 ……… 98
エリンギ卵 ……… 107

### ゆで卵
シーザーサラダ ……… 81
ねぎだれ卵 ……… 87

# 月曜日 ①週目

### この日の材料まとめ

- 豚こま切れ肉…400g
- じゃがいも…2個
- にんじん…1/2個
- 玉ねぎ…1個
- しらたき…250g（アク抜き不要のもの）
- 大根…1/3本
- きゅうり…2本
- しめじ…1/3袋
- えのき…1/3袋
- 小ねぎ…大さじ2
- 卵…1個

炊飯器ひとつで手間なし失敗なしの肉じゃが。炊いてる間に汁物も完成！

## ① [主菜] 放置で完成！ 炊飯器肉じゃが

**材料**

■豚こま切れ肉............400g
■じゃがいも............2個（250g）
■にんじん............1/2個（100g）
■玉ねぎ............1個（250g）
■しらたき（アク抜き不要のもの）
............250g
☆てんさい糖............大さじ4
☆酒............大さじ4
☆みりん............大さじ4
☆しょうゆ............大さじ3
☆白だし............大さじ2

**作り方**

1 じゃがいもは一口サイズの乱切りに、にんじんは厚さ1cm程のいちょう切りに、玉ねぎはくし切りにする。しらたきは水洗いし食べやすい長さに切る。
2 炊飯器に豚こま切れ肉、1と☆を入れ、軽く混ぜたら普通炊飯する。

## ② [副菜] こども爆食い！ 大根フライ

**材料**

■大根............1/3本（250g）
☆コンソメ............小さじ1
☆白だし............小さじ1
米油............深さ1cm程度

**作り方**

1 大根を長さ5cm×1cm角の拍子木切りにして☆と一緒にポリ袋に入れよく揉んだら15分おく。
2 片栗粉と米粉を混ぜて（片栗粉と米粉は1:1）、1の大根にまぶしたら鍋に油を1cm程度入れ180℃の油で両面がきつね色になるまで揚げる。

## ③ [副菜] 箸が止まらない無限きゅうり

**材料**

■きゅうり............2本
塩............小さじ1/2
☆しょうゆ............大さじ1
☆酢............小さじ2
☆ごま油............小さじ2
☆鶏ガラスープの素............小さじ1
☆にんにく（すりおろし）............小さじ1/2
☆白ごま............お好みの量
☆鷹の爪（輪切）............お好みの量

**作り方**

1 きゅうりはピーラーで縦にしま目になるようにむき、8mm厚さの斜め切りにする。ポリ袋に切ったきゅうりと分量の塩を入れてもみ、10分ほど置く。
2 1のきゅうりの水分を絞り、☆も入れて冷蔵庫で20分ほど漬けて完成。

## ④ [汁物] きのこと卵のお味噌汁

**材料**

■だし............1ℓ
■しめじ............1/3袋
■えのき............1/3袋
味噌............大さじ3
■卵............1個
■小ねぎ（小口切り）............大さじ2

**作り方**

1 鍋にだしを沸かしたら、石づきを切り落としたしめじとえのきを入れて火を通す。
2 静かに沸騰している状態で溶いた卵を回し入れ火を止めたら味噌を溶き入れて、小ねぎを散らす。

# 火曜日

## 1 週目

ボリューム感の少ない魚メニューも
豚汁や揚げ物で満足感アップ！

### この日の材料まとめ

- ぶり…5切れ（小さめ）
- 大葉…2枚
- 長ねぎ…1本
- ワンタンの皮…20枚
- ベビーチーズ…8個
- キムチ…30g程
- 大根…1/3本
- 豚こま切れ肉…150g
- 玉ねぎ…1個

---

[主菜] バター香る♪ ぶりの照り焼き

**材料**

| | |
|---|---|
| ■ぶり | 5切れ（小さめ） |
| 米油 | 小さじ1 |
| ☆しょうゆ | 大さじ2 |
| ☆てんさい糖 | 大さじ2 |
| ☆みりん | 大さじ1と1/2 |
| ☆酒 | 大さじ1と1/2 |
| バター | 5g |
| ■大葉 | 2枚 |
| ■長ねぎ | 少々 |

**作り方**

1. フライパンに油を敷いて熱し、ぶりを中火で焼く。
2. 焼き目がついたら裏返して弱火にして火が通ったら☆を入れ、煮汁がトロッとするまで煮詰めたら最後にバターも入れてなじませる。
3. 器に大葉を敷いて2をのせ、ねぎの千切り（白髪ねぎ）を添える。

## [副菜] おつまみにも！ かりかりキムチーズ

**材料**
- ワンタンの皮　20枚
- ベビーチーズ　8個
- キムチ　30g
- 米油　適量

**作り方**
1. チーズを縦3等分に切る。
2. ワンタンの皮にチーズとキムチをのせ、くるくる巻いて水で留める。
3. 鍋に米油を深さ5mm程度入れて熱し、2を入れて両面がきつね色になるまで揚げ焼きにする。

## [副菜] さっぱり！ 大根の和風サラダ

**材料**
- 大根　1/3本分
- ☆めんつゆ　大さじ3
- ☆酢　大さじ2
- ☆ごま油　大さじ1
- ☆かつお節　5g
- 白ごま　お好みの量
- 刻みのり　お好みの量

**作り方**
1. 大根を細く切り冷水に10分浸しておく。
2. ☆を混ぜたものを1にかけて、のりやごまをお好みで散らす。

## [汁物] ほっこり♡温まるねぎ豚汁

**材料**
- 豚こま切れ肉　150g
- 米油　小さじ1
- 玉ねぎ　1個
- 長ねぎ（白い部分）　1本
- ※長ねぎはぶりの照り焼き用に少々残しておく
- ☆みりん　大さじ4
- ☆酒　大さじ2
- ☆水　700ml
- 味噌　大さじ2
- 一味唐辛子　お好みの量

**作り方**
1. 玉ねぎは薄切りに、ねぎは薄く斜めに切っておく。
2. 鍋に米油を入れて中火で熱し、豚肉と1を炒める。
3. 豚肉の色が変わってきたら☆を入れ、火が完全に通るまで煮て、最後に味噌を溶き入れる。お好みで一味をかけたら美味しい。

# 水曜日

**1週目**

ひと手間加えたさっぱり冷しゃぶ。
火曜日の残りのワンタンの皮で
簡単スープ！

## この日の材料まとめ

- 豚こま切れ肉…450g ● 大根…1/6本 ● 大葉…8枚 ● しめじ…2/3袋 ● えのき…2/3袋
- にんじん…1/2本 ● ちくわ…2本 ● 火曜の残りのワンタンの皮…10枚 ● 卵…2個

前半の買い出し
MON
月曜日

---

[主菜]　さっぱり！ 豚こまおろし冷しゃぶ

### 材料
- 豚こま切れ肉……………450g
- 大根（すりおろし）……1/6本分
- 大葉（細切り）…………8枚分
- ☆ごま油…………………大1
- ☆鶏ガラスープの素……小1
- ☆しょうゆ………………大2
- ☆酢………………………大1.5
- ☆てんさい糖……………大1.5

### 作り方
1. 鍋にたっぷりのお湯を沸かし、豚肉を入れてほぐしたら火を止めて余熱で火を通す。
2. ボウルに☆と大根おろし、水気を切った１を入れて混ぜ合わせる。
3. 器に盛りつけて大葉を上に添える。

## [副菜] レンジで一発！ バタぽんきのこ

**材料**
- しめじ………………2/3袋
- えのき………………2/3袋
- ☆バター………………5g
- ☆めんつゆ……………大さじ1と1/2
- ☆ポン酢………………大さじ1と1/2

**作り方**
1. しめじとえのきを食べやすい長さに切る。
2. 耐熱容器に**1**と☆を入れ、ラップをしてレンジで5分加熱する。

## [副菜] レンジで簡単！ にんじんとちくわのマヨわさび和え

**材料**
- にんじん………………1/2本
- ちくわ（斜め薄切り）………2本分
- ☆マヨネーズ……………小さじ2
- ☆めんつゆ………………小さじ1
- ☆わさび（チューブを使用）……小さじ1/2
- 白ごま……………………少々

**作り方**
1. 細切りしたにんじんと水（分量外／小さじ1/2）を耐熱容器に入れ、ラップをしてレンジで2分加熱する。
2. **1**の水分をふき取って、ちくわと☆を入れて和える。お好みで白ごまをふりかける。

## [汁物] 残ったワンタンの皮で！ふわふわ中華風スープ

**材料**
- ワンタンの皮……………10枚程
- 卵…………………………2個
- ☆水…………………………1ℓ
- ☆塩…………………………小さじ1/2
- ☆鶏ガラスープの素………大さじ2

**作り方**
1. ☆を鍋に入れて沸かしたら、ワンタンの皮を1枚ずつちぎり入れて1〜2分煮る。
2. 沸騰してるところに溶いた卵をまわし入れたらすぐ火を止めて完成。

# 木曜日

## 1 週目

簡単だからやみつきになる漬け丼。
副菜はこってりめの味付けで。

### この日の材料まとめ

- マグロ…250g
- アボカド…1個
- なす…3本
- れんこん…300g
- 明太子…60g
- 大根…1/4本
- 大葉…5枚

後半の買い出し
THU 木曜日

---

[主菜] アボカドとマグロのガリわさ漬け丼

**材料**
- ■マグロ……………………250g
- ■アボカド…………………1個
- ☆しょうゆ油………………大さじ3
- ☆オリーブオイル…………大さじ1と1/2
- ☆にんにく（すりおろし）…小さじ1/2
- ☆わさび（チューブを使用）…小さじ1/2
- 温かいごはん………………適量
- 刻みのり……………………お好みの量

**作り方**
1. マグロとアボカドは薄くスライスする。
2. ☆を混ぜたらマグロを10分漬ける。器にごはんを盛り、漬けたマグロとアボカドをのせ、刻みのりをのせる。

## [副菜] とろっとろ！ なすの照り焼き

**材料**
- なす　　　　　　3本
- 米油　　　　　　大さじ1
- ☆しょうゆ　　　大さじ1
- ☆酒　　　　　　大さじ1
- ☆みりん　　　　大さじ1
- ☆てんさい糖　　大さじ1
- 大葉（千切り）　5枚分

**作り方**
1. なすを半分に切り、断面に格子状の切れ目を入れる。
2. フライパンに油を熱したら1を切れ目側から中火で焼き、焼き目がついたら裏返してフタをして2分程度置く。
3. 火が通ったら☆を入れ、タレがとろっとするまで煮詰めたら盛りつけ、大葉を散らす。

## [副菜] まちがいない味！ れんこん明太マヨ和え

**材料**
- れんこん　　　　300g
- ☆明太子　　　　60g
- ☆マヨネーズ　　大さじ3
- ☆しょうゆ油　　小さじ1
- ☆白ごま　　　　ひとつまみ

**作り方**
1. れんこんを縦半分にして、5mmくらいの薄さに切る。
2. 耐熱容器に1のれんこんを入れ、酢水（水400mlに対して酢小さじ1/分量外）をひたひたに注いだら、そのまま5分程置いておく。
3. 2の水分を捨てたらラップをしてレンジで4分加熱する。粗熱が取れたら☆を和えて完成。

## [汁物] 大根とわかめのお味噌汁

**材料**
- だし　　　　　　1ℓ
- 大根　　　　　　1/4本
- 乾燥わかめ　　　大さじ1
- 味噌　　　　　　大さじ3

**作り方**
1. 大根を繊維に沿ってスライスして細切りに。沸かしただしに入れ、柔らかくなるまで煮る。
2. 乾燥わかめを入れ、味噌を溶かし入れ、煮立つ前に火を止める。

# 金曜日

**1週目**

ミートボールは
ボウルを使わずワンパンで。
子どもが喜ぶ甘めの味付け！

## この日の材料まとめ

- 豚ひき肉…500g ● 玉ねぎ…1個 ● かぼちゃ…1/2個 ● ベビーチーズ…2個
- プレーンヨーグルト…大さじ3 ● キャベツ…1/4玉 ● ちくわ…2本 ● 卵…2個

後半の買い出し
木曜日 THU

---

[主菜]　ボウル不要！ワンパンミートボール

### 材料

| | |
|---|---|
| ■豚ひき肉 | 500g |
| ■玉ねぎ | 1個 |
| ☆片栗粉 | 大さじ1 |
| ☆マヨネーズ | 大さじ1 |
| ☆コンソメ（顆粒） | 小さじ1 |
| 米油 | 大さじ1 |
| ◎ケチャップ | 大さじ5 |
| ◎中濃ソース | 大さじ5 |
| ◎てんさい糖 | 大さじ3 |
| ◎みりん | 大さじ1 |
| ◎酒 | 大さじ1 |
| バター | 10g |

### 作り方

1. みじん切りにした玉ねぎ、豚ひき肉、☆をフライパンの中でこね、丸く形成し、そのまま並べ油を入れて中火で焼く。
2. コロコロ返しながら表面を焼いたら、フタをして弱火で火を通す。
3. 火が通ったら◎を入れ、とろっとするまで煮詰め、最後にバターを溶かし入れる。

## [副菜] ヨーグルトでさっぱり！ かぼちゃサラダ

**材料**
- ■かぼちゃ……………1/2個
- 水…………………大さじ1/2
- ■ベビーチーズ………2個
- ☆てんさい糖…………大さじ1
- ☆コンソメ……………小さじ2
- ☆プレーンヨーグルト…大さじ3

**作り方**
1. かぼちゃは種とワタをくり抜いたら皮を切り落とす。チーズは1cm角に切っておく。
2. 耐熱容器に水大さじ1/2と■のかぼちゃを入れたらラップをしてレンジで約7分加熱する。
3. ■のかぼちゃの水分をふき取ったら熱いうちにチーズと☆を入れ、フォークでつぶしながら混ぜる。

## [副菜] キャベツとちくわのレモン和え

**材料**
- ■キャベツ……………1/4玉
- 塩…………………小さじ1/3
- ■ちくわ………………2本
- ☆オリーブオイル……大さじ1
- ☆レモン汁……………小さじ2
- ☆鶏ガラスープの素…小さじ1
- ☆てんさい糖…………小さじ2
- 白ごま…………………少々

**作り方**
1. キャベツを5mm幅の細切りにし、分量の塩と一緒にボウルに入れてよく揉み、10分おいたら水分をよく絞る。
2. ボウルに斜めにスライスしたちくわと☆を■に加えて和える。

## [汁物] ふわふわ卵スープ

**材料**
- ■卵……………………2個
- ☆水……………………1ℓ
- ☆塩……………………小さじ1/2
- ☆鶏ガラスープの素…大さじ2
- ☆酒……………………大さじ1

**作り方**
1. 鍋に☆を合わせて入れて、静かに沸いているところに溶き卵をまわし入れ、すぐに火を止める。

# 土曜日

## ① 週目

相性抜群のハチミツとニンニクで
ご飯が進む味付けに。
副菜2品は火を使わないから
ササッと手早く！

### この日の材料まとめ

- 鶏もも肉…2枚（450g） ● 小ねぎ…大さじ3＋お好みの量 ● トマト…2個
- ツナ缶…1個 ● キャベツ…1/8玉 ● ちくわ…2本 ● ベビーチーズ…2個
- じゃがいも…2個 ● コーン缶…1個（50g）

---

[主菜]　ご飯がすすむ♪ ガーリックしょうゆチキン

---

### 材料

- ■鶏もも肉……………… 2枚（450g）
- 米油……………………… 大さじ1
- ■☆小ねぎ（小口切り）…… 大さじ3
- ☆しょうゆ……………… 大さじ3
- ☆酒……………………… 大さじ2
- ☆はちみつ……………… 大さじ2
- ☆にんにく（すりおろし）… 小さじ1

### 作り方

1. 鶏肉は一口大に切る。
2. フライパンに油を入れて熱し、鶏肉を皮目から入れて中火で焼く。焼き目がついたら裏返してフタをして火が通るまで弱火で焼く。
3. ☆を2に加え、なじむまで炒める。

## [副菜] 和えるだけ簡単♡トマツナさっぱり和え

**材料**
- トマト　　　　　　　　2個
- ツナ缶　　　　　　　　1個（70g）
- ☆ごま油　　　　　　　大さじ1
- ☆ポン酢　　　　　　　大さじ1
- ☆鶏ガラスープの素　　小さじ1
- 小ねぎ　　　　　　　　お好みの量

**作り方**
1. トマトの皮をむいて、2cm角に切り、水分をきったツナと☆をボウルで和える。お好みで小ねぎをふる。

## [副菜] やみつき！きゃべちーマヨサラダ

**材料**
- キャベツ　　　　　　　1/8玉
- 塩　　　　　　　　　　小さじ1/4
- ちくわ　　　　　　　　2本
- ベビーチーズ　　　　　2個
- ☆マヨネーズ　　　　　大さじ1と1/2
- ☆めんつゆ　　　　　　大さじ1/2

**作り方**
1. キャベツを1cm角に切る。
2. ボウルに1と塩小さじ1/4（分量外）を入れ、揉んでから5分置き水分をよく絞る。
3. ちくわとチーズも1cm角に切り、☆と2を和える。

## [汁物] ほっこりじゃがバタコーンのお味噌汁

**材料**
- だし　　　　　　　　　1ℓ
- じゃがいも　　　　　　2個
- コーン缶　　　　　　　1個（50g）
- 味噌　　　　　　　　　大さじ3
- バター　　　　　　　　1杯につき2g程

**作り方**
1. だしを沸かしたら一口大に切ったじゃがいもとコーンを入れ柔らかくなったら味噌を解く。
2. お椀に注いだらバターを乗せる。

# 日曜日

**1** 週目

メインはおろしそでさっぱりと。
めんどくさいポテサラはレンジで
時短に仕上げました！

## この日の材料まとめ

- 鶏もも肉…2枚（450g）
- 大根…1/4本
- 大葉…5枚
- なす…2本
- じゃがいも…2個
- きゅうり…1本
- ハム…5〜6枚
- キャベツ…1/8玉
- 卵…1個

---

［主菜］　大葉香る♪おろしだれチキン

**材料**

- ■鶏もも肉 …………… 2枚（450g）
- 米油 ………………… 大さじ1
- ■大根 ………………… 1/4本
- ■大葉 ………………… 5枚
- 酒 …………………… 大さじ1
- ☆しょうゆ …………… 大さじ3
- ☆酢 …………………… 大さじ2
- ☆はちみつ …………… 大さじ1
- ☆ごま油 ……………… 大さじ1と1/2

**作り方**

1. フライパンに油を熱し、中火で鶏肉の皮側を下にして焼き、焼き目をつけたら酒を入れフタをして弱火で火を通す。
2. 大根はすりおろしに、大葉は細切りにして、☆は混ぜ合わせておく。
3. 焼いた鶏肉を切ってお皿に盛り付けたら大根おろしと大葉をのせ、上からタレ（☆）をかけて完成。

## [副菜] レンジで簡単！ 無限なす

**材料**
- なす……………………2本
- ☆ぽんず…………………大さじ2
- ☆ごま油…………………大さじ1
- ☆鶏ガラスープの素……大さじ1/2
- ☆にんにく（すりおろし）……小さじ1/2
- ☆ツナ缶…………………1個（70g）

**作り方**
1. 縦8等分に切ったなすと水大さじ1（分量外）を耐熱容器に入れ、ふんわりラップをしたらレンジで4分加熱する。
2. 水分を拭き取ったら☆を入れて混ぜ合わせる。

## [副菜] 見た目も可愛い ♡ 包みポテサラ

**材料**
- じゃがいも………………2個
- きゅうり（斜め薄切り）…1本分
- ハム………………………5〜6枚
- 塩…………………………小さじ1/3
- てんさい糖………………小さじ4
- マヨネーズ………………大さじ3

**作り方**
1. じゃがいもは一口大に切って耐熱容器に入れ、水大さじ1（分量外）をふり、ラップをしてレンジで5分加熱する。
2. ポリ袋にきゅうりと塩を入れてもみ、5分置いて水分をしぼる。
3. 1の水分をふき、熱いうちにてんさい糖を入れてつぶし、粗熱が取れたらマヨネーズと2を加えて混ぜ、ハムに包む。

## [汁物] キャベツと卵のお味噌汁

**材料**
- だし………………………1ℓ
- キャベツ…………………1/8玉
- 卵…………………………1個
- 味噌………………………大さじ3

**作り方**
1. だしを沸かしたら細く切ったキャベツを入れ柔らかくなるまで煮る。
2. 沸騰してるところに溶き卵を入れ、火を止め、味噌を溶かし入れる。

## 1週目 前半の買い出し 月曜日　合計 4,201円

- ぶり（切り身）…3切れ
- 豚こま切れ肉…1kg
- ベビーチーズ…1袋（4個入）
- ワンタンの皮…1袋（30枚入）
- 卵…1パック
- しらたき…1袋（250g）
- きゅうり…2本
- 大葉…10枚
- しめじ…1袋
- えのき…1袋
- 大根…1本
- じゃがいも…2個
- 玉ねぎ…2個
- にんじん…1本
- 長ねぎ…1本
- ちくわ…1袋
- 小ねぎ…1束
- キムチ…1袋（300g）

## 1週目 後半の買い出し 木曜日　合計 5,789円

- マグロの刺身…250g
- 鶏もも肉…4枚（900g）
- 豚ひき肉…500g
- アボカド…1個
- 大葉…10枚
- なす…3本
- ツナ缶…2個（70g×2）
- じゃがいも…4個
- きゅうり…1本
- ハム（4枚入）…1個
- 玉ねぎ…1個
- れんこん…300g
- 明太子…60g
- トマト…2個
- キャベツ…1/2個
- かぼちゃ…1/2個
- プレーンヨーグルト…1個
- 大根…1/2本
- コーン缶…1個（50g）
- ちくわ…1袋（4本入）
- ベビーチーズ…1袋（4個入）

### 1週間の合計 合計 9,990円

COLUMN

# あまりがち食材の消費おかず

あまりがちな食材でササッと作れるサイドメニュー！
夕飯が物足りないときの1品やお酒のおつまみにもどうぞ。

## チーズインガレット

**材料**
- じゃがいも　　600g
- ピザ用チーズ　100g
- 塩　　　　　　小さじ1/2
- オリーブオイル　小さじ1

**作り方**
1. じゃがいもはできるだけ細く千切りにする（スライサーがあればベスト）。
2. 1に塩をふり、よくもんだら水分を絞る。
3. フライパンにオリーブオイルを敷き、2を半量入れる。フライ返しで丸く平らにして、その上にチーズをのせ、さらに残りの2をのせ、押してかたちを整えながら弱〜中火で10分程焼く。
4. 焼き目がついたら3を裏返し、ギュッと押さえて、弱中火で10分焼き、火が通ったら完成。

## にんじんグラッセ

**材料**
- にんじん　　　　1本
- ☆水　　　　　　大さじ2
- ☆てんさい糖　　小さじ4
- ☆塩　　　　　　ひとつまみ
- ☆コンソメ（顆粒）　小さじ1/2

**作り方**
1. にんじんを1cm幅の輪切りにする。
2. 耐熱容器に1のにんじん、☆を入れたらラップをしてレンジで7分加熱する（柔らかくなっていればOK）。

## ふわふわお好み焼き

**材料**
- キャベツ　　　　1/2玉
- 長芋　　　　　　250g
- ☆米粉　　　　　200g
- ☆水　　　　　　300㎖
- ☆卵　　　　　　4個
- ☆塩　　　　　　小さじ1/2
- ☆白だし　　　　大さじ1
- 米油　　　　　　大さじ1
- お好みソース　　適量
- マヨネーズ　　　適量
- 青のり　　　　　少々

**作り方**
1. キャベツはできる限り細かく切り、長芋はすりおろしておく。
2. ボウルで1と☆を混ぜたら、フライパンに油を敷き中火で焼く。
3. 焼き目がついたら裏返しフタをして火が通るまで焼く。仕上げにソース、マヨネーズ、青のりをふりかける。

# 月曜日 ② 週目

## この日の材料まとめ

- 生鮭…3切れ
- しめじ…1袋
- じゃがいも…中3個
- クリームチーズ…70g
- なす…3本
- 白菜…2枚
- 絹ごし豆腐…150g

主食がシンプルな和食の日。
カリッじゅわ！
ナスの唐揚げは子どもが大喜び♪

## ① ［主菜］鮭としめじのレモンバターソテー

**材料**

| | |
|---|---|
| ■生鮭 | 3切れ |
| ■しめじ | 1袋 |
| 酒 | 大さじ1 |
| 米油 | 適量 |
| ☆しょうゆ | 大さじ1と1/2 |
| ☆みりん | 大さじ3 |
| ☆コンソメ（顆粒） | 小さじ1 |
| ☆レモン汁 | 小さじ2 |
| バター | 10g |

**作り方**

1 鮭に米粉をまぶしておく。
2 フライパンに油を入れて中火にかけ鮭を焼く。
3 焼き目がついたら裏返し、石づきをとったしめじと酒を入れてフタをして火を通す。
4 3に☆を入れ、とろっとしたら最後にバターを加えて溶ければ完成。

## ② ［副菜］こってり青のりクリチポテサラ

**材料**

| | |
|---|---|
| ■じゃがいも | 中3個 |
| ■☆クリームチーズ | 70g |
| ☆青のり | 小さじ2 |
| ☆マヨネーズ | 大さじ2 |
| ☆めんつゆ | 小さじ1 |
| ☆オリーブオイル | 小さじ1 |

**作り方**

1 じゃがいもを3等分の大きさに切って耐熱容器に入れてラップし、レンジで8分加熱する。
2 その間に☆を混ぜておく。
3 加熱後、水分をよくふき取り、粗くつぶして☆を混ぜ合わせる。

## ③ ［副菜］かりじゅわ♡なすの唐揚げ

**材料**

| | |
|---|---|
| ■なす | 3本 |
| ☆しょうゆ | 大さじ1 |
| ☆鶏ガラスープの素 | 大さじ1 |
| 米油 | 深さ1cm |

**作り方**

1 なすを乱切りし、☆と一緒にポリ袋に入れ、よくもみ10分ほどおく。
2 米粉と片栗粉を混ぜたものを1にまぶす（米粉と片栗粉は1:1）。
3 フライパンに油を1cm程度入れ、2を中火にかけ、きつね色になるまで揚げる。

## ④ ［汁物］白菜とお豆腐のお味噌汁

**材料**

| | |
|---|---|
| 出汁 | 1ℓ |
| ■白菜 | 2枚 |
| ■絹ごし豆腐 | 150g |
| 味噌 | 大さじ3 |

**作り方**

1 だしを沸かしたら食べやすい大きさに切った白菜を入れて柔らかくなるまでゆでる。
2 食べやすい大きさに切った豆腐と味噌を入れ、煮立つ前に火を止める。

# 火曜日

## ②週目

野菜をたっぷり使った献立。
クリーム煮は子どもにも大人気！

### この日の材料まとめ

- 豚バラ肉…400g
- 白菜…1/4個
- にんじん…1/2本＋1/4本
- なす…2本
- えのき…1袋
- 小ねぎ…大さじ2
- じゃがいも…1個
- 玉ねぎ…1/2個
- 生クリーム…200㎖
- 牛乳…200㎖

---

[主菜] こくうま♪ 白菜と豚バラのクリーム煮

| 材料 | |
|---|---|
| ■豚バラ肉（薄切り） | 400g |
| ■白菜 | 1/4個 |
| オリーブオイル | 小さじ2 |
| ■☆生クリーム | 200㎖ |
| ■☆牛乳 | 200㎖ |
| ☆コンソメ | 小さじ1 |
| ☆塩 | 小さじ1/2 |

### 作り方

1. フライパンにオリーブオイルを入れ、豚肉に火が通るまで炒めてから油を拭き取る。
2. 2cm幅に切った白菜と☆を❶に入れてフタをして煮る。白菜が柔らかくなったら完成。

## [副菜] シャキッと食感♡キャロットラペ

**材料**
- ■にんじん ……………… 1/2本
- ☆オリーブオイル ……… 大さじ3
- ☆レモン汁 ……………… 大さじ1
- ☆てんさい糖 …………… 小さじ2
- ☆クレイジーソルト …… 小さじ1

**作り方**
1. にんじんは（あれば）スライサーで細切りにして☆と一緒にチャック付きポリ袋に入れてもみ、30分ほど置いたら完成。

## [副菜] レンジで簡単！ えのきなす

**材料**
- ■なす …………………… 2本
- ■えのき ………………… 1袋
- ☆めんつゆ ……………… 大さじ2
- ☆酢 ……………………… 大さじ1
- ☆オリーブオイル ……… 大さじ1
- ■☆小ねぎ
  ……………… 大さじ2（冷凍しておいたもの）

**作り方**
1. なすは縦半分に切ってから斜めに切る。えのきは石づきを切り落として長さ半分に切る。
2. 耐熱容器に■を入れレンジで5分加熱し、汁気を切ったら☆を入れて和える。

## [汁物] マカロニ野菜スープ

**材料**
- ■◎じゃがいも ………… 1個
- ■◎玉ねぎ ……………… 1/2個
- ■◎にんじん …………… 1/4本
- オリーブオイル ………… 小さじ1
- マカロニ ………………… 30g程
- ☆水 ……………………… 1ℓ
- ☆コンソメ ……………… 小さじ1
- ☆塩 ……………………… 小さじ1
- 乾燥パセリ ……………… 少々

**作り方**
1. ◎を全て1cm角に切る。
2. 鍋にオリーブオイルを入れ、■を中火で炒める。
3. 油が全体にまわったら☆を入れてゆで、野菜が柔らかくなったらマカロニを入れ、マカロニが柔らかくなるまで煮たら完成。お好みでパセリをふる。

# 水曜日

## ②週目

韓国風献立。卵黄はユッケに、卵白はスープに入れて余さず活用！

### この日の材料まとめ

- 鶏もも肉…2枚（450g）
- 長ねぎ…1本
- きゅうり…2本
- 生ハム…100g
- 絹ごし豆腐…2個
- キムチ…50g
- 玉ねぎ…1/2個
- にんじん…1/4本
- 卵…2個

前半の買い出し 月曜日

---

[主菜] やみつき！ 甘辛ねぎだれチキン

**材料**

- ■鶏もも肉……2枚（450g）
- 酒……大さじ1
- 米油……小さじ2
- ■長ねぎ（みじん切り）……1本
- ■にんにく（すりおろし）……小さじ1
- ☆鶏ガラスープの素……小さじ2
- ☆ごま油……大さじ1
- ☆しょうゆ……大さじ2
- ☆酢……大さじ2
- ☆コチュジャン……小さじ1
- ☆豆板醤……小さじ1/3
- ☆はちみつ……小さじ2

**作り方**

1. フライパンに油を入れて中火にかけ、鶏肉を皮目から焼き、焼き目がついたら裏返して酒を入れる。フタをし弱火で火を通す。
2. 1を食べやすい大きさに切って、レタス（分量外）を敷いた器に盛り、長ねぎと☆を混ぜ合わせ、たっぷりとかける。

## [副菜] 絶品♡生ハムユッケ

**材料**
- ■きゅうり･･････････････2本
- ■生ハム･･････････････100g
- ☆ごま油･･････････････大さじ1
- ☆コチュジャン･････････大さじ1
- ☆酢･････････････････大さじ1/2
- ☆鶏ガラスープの素･････小さじ1/2
- ■卵黄･･････････････2個分

**作り方**
1. きゅうりと生ハムは細切りにする。
2. ☆を混ぜ合わせて1と和え、卵黄をのせたら完成。

※卵白は卵白スープ用にとっておく

## [副菜] 簡単美味しい！ キムチ冷奴

**材料**
- ■絹ごし豆腐･･････････300g
（大人1人100g・子ども1人50g）
- ■キムチ････････････････50g
- ☆ごま油･･････････････小さじ1
- ☆めんつゆ････････････小さじ1

**作り方**
1. キムチを細かく刻み、☆と和えたら豆腐にのせる。

## [汁物] ふわふわ卵白スープ

**材料**
- ■玉ねぎ（細切り）････････1/2個分
- ■にんじん（細切り）･･････1/4本分
- ☆水･････････････････1ℓ
- ☆塩･････････････････小さじ1/2
- ☆鶏ガラスープの素･････大さじ2
- ■卵白･･････････2個分（ユッケの残り）

**作り方**
1. 鍋に☆を合わせて沸かしたら、玉ねぎとにんじんを入れて柔らかくなるまで煮る。
2. 静かに沸騰しているところに卵白を溶きほぐしてまわし入れてすぐ火を止める。

# 木曜日

## ② 週目

大人も子どもも食べやすい
辛くない麻婆豆腐。
副菜はレンジ調理で簡単に！

### この日の材料まとめ

- 鶏ひき肉…200g
- 長ねぎ…1本
- 絹ごし豆腐…450g
- 春雨（乾燥）…80g
- きゅうり…1本
- ハム…5枚
- もやし…1袋
- しめじ…1/2袋
- 鶏ひき肉…120g
- 小松菜…2株

---

[主菜] こどもも食べやすい！ 辛くない麻婆豆腐

### 材料

- ■鶏ひき肉……200g
- 米油……小さじ2
- ■長ねぎ（みじん切り）……1本分
- にんにく（すりおろし）……小さじ2
- しょうが（すりおろし）……小さじ2
- ■絹ごし豆腐……450g
- ☆水……300㎖
- ☆しょうゆ、酒……大さじ3
- ☆てんさい糖、鶏ガラスープの素、味噌……各大さじ1
- 水溶き片栗粉……適量
- （水大さじ3：片栗粉大さじ1と1/2）

### 作り方

1. 豆腐をキッチンペーパーで包み耐熱容器にのせたらレンジで4分程加熱し水切りして2〜3cm角に切る。
2. フライパンに油を入れて火にかけ、ひき肉を炒める。ひき肉に火が通ったらにんにく、しょうが、長ねぎを入れて香りがたつまで炒める。
3. 2に☆を入れ、煮立ったら1の豆腐を入れて3分程度煮る。最後に混ぜながら水溶き片栗粉を入れ、1分程沸騰させとろみが出たら火を止める。

## [副菜] お鍋不要！ レンジで絶品春雨サラダ

**材料**
- ■春雨（乾燥）……80g
- 水……400㎖
- ■きゅうり……1本
- ■ハム……5枚
- ☆しょうゆ……大さじ3
- ☆酢……大さじ2
- ☆ごま油……大さじ2
- ☆鶏ガラスープの素……大さじ1
- ☆てんさい糖……大さじ2
- ☆にんにく（すりおろし）……小さじ1/2
- ☆ごま……お好み量

**作り方**
1. 耐熱容器に春雨と水を入れたらラップせずにレンジで5分加熱する。
2. 細切りにしたきゅうりと塩（分量外／小さじ1/4）をポリ袋に入れ、もんだら5分おいたあと水分を絞る。
3. 加熱後の春雨を冷水で冷やして水を切ったら細切りにしたハムと☆と2を混ぜて完成。

## [副菜] ひんやり辛うま♡キムチナムル

**材料**
- ■もやし……1袋
- ☆キムチの素……小さじ1
- ☆しょうゆ……小さじ2
- ☆酢……小さじ1
- ☆鶏ガラスープの素……小さじ1
- ☆ごま油……小さじ2
- 白ごま……少々

**作り方**
1. 耐熱容器にもやしを入れてラップをしてレンジで3分加熱する。
2. 水分をふきとり粗熱を取ったら☆を入れ、冷蔵庫でよく冷やす。
3. 器に盛り、お好みで白ごまをふる。

## [汁物] こってりピリ辛胡麻豆乳スープ

**材料**
- ■しめじ……1/2袋
- ■鶏ひき肉……120g
- ■小松菜……2株
- 水……450㎖
- ☆豆乳……250㎖
- ☆味噌……小さじ1
- ☆鶏ガラスープの素……小さじ4
- ☆塩……小さじ1/3
- ☆すりごま……大さじ3
- ☆めんつゆ……小さじ2
- 米油……小さじ1
- ラー油……数滴

**作り方**
1. 鍋に油を入れて石づきを取ったしめじ、ざく切りにした小松菜、ひき肉を中火で炒め、ひき肉の色が変わってきたら水を入れ一度ゆでこぼす。
2. 1に☆を入れ沸騰する直前まで温めて、お好みでラー油をたらす。

# 金曜日

## ② 週目

ごはんがすすむ和食メニュー。
副菜のトマトはさっぱり味だけど
とってもジューシー！

### この日の材料まとめ

- 豚こま切れ肉…350g
- なす…2本
- 小松菜…2株
- にんじん…1/3本
- ツナ缶…1個
- トマト…2個
- 大葉…2枚

---

[主菜]　ご飯によく合う♡豚こまなす

**材料**

| | |
|---|---|
| ■豚こま切れ肉 | 350g |
| ■なす | 2本 |
| 米油 | 小さじ1 |
| 片栗粉 | 大さじ1 |
| ☆酒 | 大さじ3 |
| ☆みりん | 大さじ3 |
| ☆てんさい糖 | 大さじ3 |
| ☆味噌 | 大さじ2 |
| バター | 10g |

**作り方**

1. 豚肉に片栗粉をまぶす。フライパンに油を入れ、豚肉を中火で焼きフライパンの端に寄せておく。
2. 1に1cmの厚さの輪切りにしたなすを入れ、両面1分ずつくらい焼いたら☆を入れてとろっとするまで炒めて、最後にバターを加えて溶けたら完成。

## [副菜] 簡単♪こまツナにんじん和え

**材料**
- ■ 小松菜 ……………… 2株
- ■ にんじん …………… 1/3本
- ■ ツナ缶 ……………… 1個 (70g)
- ☆ ごま油 ……………… 小さじ2
- ☆ めんつゆ …………… 大さじ1と1/2
- ☆ ポン酢 ……………… 大さじ1

**作り方**
1. 小松菜は2cmのざく切りに、にんじんは細切りにして耐熱容器に入れ、ラップをしてレンジで4分加熱する。
2. 1の水分をよくふき取って、水分を捨てたツナと☆を入れて和える。

## [副菜] 風味抜群！ さっぱりだしトマト

**材料**
- ■ トマト ……………… 2個
- ■ 大葉（せん切り）…… 2枚
- しょうが（すりおろし）… 小さじ1/2
- ☆ 白だし ……………… 50㎖
- ☆ 水 …………………… 80㎖
- ☆ 酢 …………………… 小さじ1

**作り方**
1. トマトのヘタを取り、十字に切り込みを入れ、沸いた湯に入れて皮がはがれたら取り出し冷水で粗熱を取り皮をむく。
2. ☆をチャック付きビニール袋に入れ、8等分に切り込みを入れたトマトを入れて30分程冷蔵庫につけておく。
3. 2を器に盛りつけ大葉としょうがをのせる。

## [汁物] わかめのごま味噌汁

**材料**
- だし …………………… 1ℓ
- 乾燥わかめ …………… 大さじ3
- 味噌 …………………… 大さじ3
- ごま油 ………………… 適量
- 白ごま ………………… 適量

**作り方**
1. 乾燥わかめを沸かしただしに入れる。味噌を溶かし入れ、煮立つ前に火を止める。
2. 器に入れたらごま油を数滴たらし白ごまをひとつまみ振る。

# 土曜日

## ❷ 週目

プリプリのささみに
やみつきのタレで箸が止まらない！
シンプルな材料だけど
満足感のある献立。

### この日の材料まとめ

- 鶏ささみ…500g
- きゅうり…2本
- ちくわ…2本
- なす…3本
- レタス…2枚
- 卵…1個
- 春雨（乾燥）…40g

---

[主菜] 　箸が止まらない♪ ささみマヨ

| 材料 | |
|---|---|
| 鶏ささみ | 500g |
| 酒 | 大さじ1 |
| 塩 | 小さじ1/2 |
| 片栗粉 | 大さじ2 |
| 米油 | 大さじ2 |
| ☆マヨネーズ | 大さじ3 |
| ☆ケチャップ | 大さじ3 |
| ☆レモン果汁 | 小さじ1 |
| ☆てんさい糖 | 大さじ1 |
| ☆塩 | 小さじ1/4 |

### 作り方

1. 一口大に切ったささみと酒と塩をポリ袋に入れてよく揉み、15分ほどおく。
2. ❶に片栗粉を入れて全体にまぶすようにもむ。
3. フライパンに油を入れて弱～中火にかけ、❷を焼いて火を通す。
4. ☆と❸を和えて完成。

## ［副菜］ 定番美味しい！ きゅうりとちくわの塩昆布和え

**材料**
- ■きゅうり……………2本
- ■ちくわ………………2本
- ☆塩昆布………………大さじ1
- ☆しょうゆ……………小さじ1
- ☆ごま油………………小さじ2

**作り方**
1. きゅうりとちくわは、それぞれ斜め薄切りしてチャック付きビニール袋に☆と一緒に入れて、よくもんで15分ほどおいたら完成。

## ［副菜］ とろっとピリ辛なすの中華和え

**材料**
- ■なす…………………3本
- ☆ごま油………………小さじ2
- ☆ポン酢………………大さじ1
- ☆めんつゆ……………小さじ2
- ☆コチュジャン………小さじ1
- ☆鶏ガラスープの素…小さじ1

**作り方**
1. なすを横半分、縦8等分に切ったら耐熱容器に入れて水大さじ1（分量外）を加えてラップをしてレンジで3分加熱する。
2. 水分をよくふいてから☆を和える。

## ［汁物］ 春雨スープ

**材料**
- ■レタス………………2枚
- ■卵……………………1個
- ■春雨（乾燥）………40g
- ☆水……………………1ℓ
- ☆鶏ガラスープの素…大さじ3
- ☆塩……………………小さじ1/2
- ☆酒……………………大さじ1
- ☆酢……………………小さじ1

**作り方**
1. ☆を鍋に入れて沸かしたらちぎったレタスと春雨を加え、やわらかくなったら、溶いた卵を入れてすぐ火を止める。

# 日曜日

**2 週目**

メインがヘルシーだから、副菜はボリュームや満足感を出しました！

## この日の材料まとめ

- たら（切り身）…3切れ
- レタス…1/2玉
- ちくわ…2本
- じゃがいも…3個
- エリンギ…1パック
- 玉ねぎ…1個
- 絹ごし豆腐…150g

後半の買い出し 木曜日

---

[主菜] ふんわり♡たらのレモンバターソテー

**材料**
- ■たら（切り身）…………3切れ
- バター…………10g
- ☆酒…………大さじ1
- ☆レモン汁…………大さじ1
- ☆しょうゆ…………大さじ1/2
- ☆はちみつ…………小さじ1/2
- ■ミニトマト…………適宜

**作り方**
1. フライパンにバターを入れて熱したら両面弱火で焼いて火を通す。
2. ☆を入れて火を強くしてふつふつしたら、1分程加熱して火を止める。器に盛り、食べやすい大きさにちぎった小松菜の葉、ミニトマトを添える。

## [副菜] ごま香る♪レタスとちくわのマヨサラダ

**[材料]**
- レタス……………………1/2玉
- ちくわ……………………2本
- ☆マヨネーズ……………大さじ2
- ☆すりごま………………大さじ2
- めんつゆ…………………大さじ1

**[作り方]**
1. レタスは食べやすい大きさにちぎる。ちくわは斜め薄切りにする。
2. 1を☆と和える。

## [副菜] レンジで一発！ エリンギポテト

**[材料]**
- じゃがいも………………3個
- エリンギ…………………1パック
- ☆オリーブオイル………大さじ1
- ☆クレイジーソルト……小さじ1
- ☆にんにく（すりおろし）…小さじ1

**[作り方]**
1. じゃがいもは皮をむいて一口大に切る。エリンギは横半分にしてから縦に薄く切っておく。
2. 耐熱容器に1を入れて、ラップをしてレンジで7〜8分加熱する（スッと箸が通ればOK）。
3. ☆と2を和えて完成。

## [汁物] 玉ねぎとお豆腐の味噌汁

**[材料]**
- だし………………………1ℓ
- 玉ねぎ（薄切り）………1個
- 絹ごし豆腐………………150g
- 味噌………………………大さじ3

**[作り方]**
1. 鍋にだしを入れて火にかけ、沸いてきたら、玉ねぎを入れて透き通るまで煮る。
2. 1に一口大に切った豆腐を入れ、ふたたび沸いたら味噌を溶き入れて火を止める。

## 2週目 前半の買い出し 月曜日　合計 5,530円

- 生鮭…3切れ
- 豚バラ肉…400g
- 鶏もも肉…2枚（450g）
- しめじ…1袋
- じゃがいも…4個
- クリームチーズ…1箱（6個入）
- なす…5本
- 白菜…1/4玉
- 絹ごし豆腐…3丁（100g×3）
- 玉ねぎ…1個
- にんじん…1本
- えのき…1袋
- 生クリーム…200ml
- 牛乳…1本
- 長ねぎ…1本
- きゅうり…2本
- 生ハム…100g
- キムチ
- 卵…1パック
- 小ねぎ

## 2週目 後半の買い出し 木曜日　合計 4,530円

- 鶏ひき肉…320g
- 豚こま切れ肉…350g
- 鶏ささみ…500g
- たら…3切れ
- 絹ごし豆腐…4丁（150g×4）
- ちくわ…1袋（4本）
- 春雨…120g（3袋）
- ハム…5枚
- ツナ缶…1個（70g）
- トマト…2個
- じゃがいも…3個
- エリンギ…1袋
- 玉ねぎ…1個
- 大葉…10枚
- なす…5本
- にんじん…1本
- きゅうり…3本
- もやし…1袋
- しめじ…1袋
- 小松菜…1袋
- レタス…1/2玉
- 長ねぎ…1本

1週間の合計
**合計 10,060円**

COLUMN

## ひとりのときの レンチンお手軽うどん

子どもも旦那さんもいないし、簡単なもので済ませたい！と思う
ひとりのときに大活躍する「うどん」のバリエーションレシピ♪

### 豚キムうどん

**材料**

| | |
|---|---|
| 冷凍うどん | 1袋 |
| キムチ | 100g |
| 豚バラ肉 | 100g |
| ☆水 | 300㎖ |
| ☆鶏ガラスープの素 | 大さじ1/2 |
| ☆しょうゆ | 小さじ1 |

**作り方**

1. 豚バラ肉を食べやすい大きさに切ったら材料全てと☆を耐熱容器に入れラップをしてレンジで10分加熱する。

### 鶏ねぎ塩うどん

**材料**

| | |
|---|---|
| 冷凍うどん | 1袋 |
| 長ねぎ | 1/4本 |
| 鶏もも肉 | 100g |
| 水 | 300㎖ |
| ☆白だし | 大さじ1/2 |
| ☆鶏ガラスープの素 | 小さじ2 |
| ☆酒 | 大さじ1 |
| ☆塩 | ひとつまみ |

**作り方**

1. 鶏肉を食べやすく切り、長ねぎを小口切りにしたら、材料全てと☆を耐熱容器に入れラップをしてレンジで10分加熱する。

### きのこクリームうどん

**材料**

| | |
|---|---|
| 冷凍うどん | 1袋 |
| しめじ | 30g |
| （＊冷凍しておくと便利） | |
| 小ねぎ | 30g |
| （＊冷凍しておくと便利） | |
| ☆牛乳 | 100㎖ |
| ☆めんつゆ | 小さじ1 |
| ☆鶏ガラスープの素 | 小さじ1 |
| ☆バター | 5g |

**作り方**

1. しめじを食べやすい大きさに、小ねぎは小口切りにする。
2. 1のしめじと小ねぎ、☆を耐熱容器に入れてラップをかけてレンジで5分半加熱する。一度取り出しラップをとって、ふたたび1分加熱する。

# 月曜日 ③週目

### この日の材料まとめ

- 鶏ひき肉…450g　● れんこん…100g　● 小ねぎ（みじん切り）…大さじ2　● ちくわ…2本　● にんじん…1/3本
- トマト…1個　● きゅうり…1本　● しめじ…1袋　● 大根…1/8本

こどもが残しがちな蓮根も美味しく食べられるハンバーグ風に！

## ① ［主菜］ふわふわ♡れんこんつくねばーぐ

**材料**

■鶏ひき肉⋯⋯⋯⋯⋯⋯450g
■れんこん⋯⋯⋯⋯⋯⋯100g
■◎小ねぎ（みじん切り）⋯大さじ2
◎マヨネーズ⋯⋯⋯⋯大さじ2
◎片栗粉⋯⋯⋯⋯⋯⋯大さじ3
◎塩⋯⋯⋯⋯⋯⋯⋯小さじ1/3
◎米油⋯⋯⋯⋯⋯⋯⋯小さじ1
☆しょうゆ⋯⋯⋯⋯⋯大さじ2
☆白だし⋯⋯⋯⋯⋯大さじ1/2
☆みりん⋯⋯⋯⋯⋯⋯大さじ2
☆酒⋯⋯⋯⋯⋯⋯⋯⋯大さじ2
☆てんさい糖⋯⋯⋯⋯大さじ2

**作り方**

1 小ねぎと蓮根をみじん切りにしたら鶏ひき肉を◎と一緒に加熱前のフライパンの中でこねる。
2 1を丸く形成して加熱し、片面焼けたら裏返し、火を弱くして水大さじ1（分量外）を入れフタをする。
3 火が通ったら2に☆を入れてとろっとするまで馴染ませる。

## ② ［副菜］栄養たっぷり♪ひじきのマヨサラダ

**材料**

乾燥ひじき（水戻しいらずのもの）
⋯⋯⋯⋯⋯⋯⋯⋯⋯⋯5g
■ちくわ⋯⋯⋯⋯⋯⋯⋯2本
■にんじん⋯⋯⋯⋯⋯1/3本
米油⋯⋯⋯⋯⋯⋯⋯⋯小さじ1
めんつゆ⋯⋯⋯⋯⋯大さじ1/2
マヨネーズ⋯⋯⋯⋯⋯大さじ2

**作り方**

1 乾燥ひじきと水（分量外）を100㎖フライパンに入れ、水分がなくなるまで中火にかける。
2 細切りにしたにんじん、斜め薄切りにしたちくわ、米油を1に入れて炒める。
3 にんじんが柔らかくなったらめんつゆを入れ、火を止めてからマヨネーズを入れて和える。

## ③ ［副菜］トマトときゅうりのあっさりごま和え

**材料**

■トマト⋯⋯⋯⋯⋯⋯⋯1個
■きゅうり⋯⋯⋯⋯⋯⋯1本
☆しょうゆ⋯⋯⋯⋯⋯大さじ1
☆てんさい糖⋯⋯⋯⋯大さじ1
☆すりごま⋯⋯⋯⋯⋯大さじ1

**作り方**

1 トマトときゅうりはそれぞれ1cmの角切りにして☆と和える。

## ④ ［汁物］しめじと大根のお味噌汁

**材料**

■しめじ⋯⋯⋯⋯⋯⋯⋯1袋
■大根⋯⋯⋯⋯⋯⋯⋯1/8本
だし⋯⋯⋯⋯⋯⋯⋯⋯1ℓ
味噌⋯⋯⋯⋯⋯⋯⋯⋯大さじ3

**作り方**

1 しめじは石づきを取る。大根は細切りにする。
2 鍋にだしを入れて沸かし、1を入れて柔らかくなるまで煮る。
3 2に味噌を溶き入れ、煮立つ前に火を止める。

# 火曜日

## ③ 週目

めんどくさい印象の煮物は
レンジで簡単に。
野菜多めの健康献立！

### この日の材料まとめ

- たら（切り身）…3切れ ●大葉…3枚 ●大根…1/8本 ●ちくわ…2本 ●にんじん…1/3本
- もやし…1袋 ●きゅうり…1本 ●ツナ缶…1個 ●ブロッコリー…1/2株
- 絹ごし豆腐…200g

---

[主菜] こってり美味しい♡たらの味噌マヨ焼き

**材料**

| | |
|---|---|
| たら（切り身） | 3切れ |
| 大葉 | 3枚 |
| 米油 | 小さじ1 |
| ☆味噌 | 大さじ1 |
| ☆みりん | 大さじ2 |
| ☆てんさい糖 | 大さじ1 |
| ☆マヨネーズ | 大さじ2 |

**作り方**

1. フライパンに油を入れ熱し、たらを両面弱火で焼いて火を通す。
2. 1に☆を入れ、煮汁がとろっとしたら火を止める。

## [副菜] レンジで手間なし！ 大根とちくわの煮物

**材料**
- 大根 ……………… 1/8本
- ちくわ …………… 2本
- にんじん ………… 1/3本
- ☆水 ……………… 100mℓ
- ☆しょうゆ ……… 大さじ2
- ☆酒 ……………… 大さじ2
- ☆みりん ………… 大さじ2
- ☆てんさい糖 …… 大さじ2
- ☆白だし ………… 小さじ1

**作り方**
1. ちくわは斜めに薄く切る。大根とにんじんは薄くいちょう切りにしておく。
2. 耐熱容器に☆と1の大根とにんじんを入れてラップをかけてレンジで7分加熱する。ちくわも加えてさらに3分加熱する。

## [副菜] もやしきゅうりツナの中華風サラダ

**材料**
- もやし …………… 1袋
- きゅうり ………… 1本
- ツナ缶 …………… 1個（70g）
- ☆ごま油 ………… 小さじ1
- ☆しょうゆ ……… 大さじ1
- ☆鶏ガラスープの素 … 小さじ2
- ☆レモン汁 ……… 小さじ2
- 塩 ………………… 小さじ1/4

**作り方**
1. もやしは耐熱容器に入れ、ラップをして3分加熱する。
2. きゅうりは細切りにして分量の塩と一緒にポリ袋に入れてもみ、5分おいて水分をよく絞る。
3. もやしの粗熱が取れたら、水分をきったツナときゅうり、☆を入れて和える。

## [汁物] ブロッコリーと豆腐のお味噌汁

**材料**
- ブロッコリー …… 1/2株
- 絹ごし豆腐 ……… 200g
- だし ……………… 1ℓ
- 味噌 ……………… 大さじ3

**作り方**
1. ブロッコリーは小房に切り分ける。豆腐は食べやすい大きさに切る。
2. 鍋にだしを沸かして1のブロッコリーと豆腐を入れる。ブロッコリーが柔らかくなったら、味噌を溶き入れ、煮立つ前に火を止める。

# 水曜日

## ③ 週目

メインはあっさりみぞれ煮に。
副菜のさつまいもは
子どもが喜ぶ甘さに！

### この日の材料まとめ

- 鶏もも肉…400g
- 大根…1/2本
- さつまいも…1本（350g程）
- ブロッコリー…1/2株
- 卵…2個
- コーン缶…1個（50g）
- にんじん…1/3本
- 小ねぎ…お好みで

前半の買い出し／月曜日 MON

---

[主菜] ぺろっと完食！ 鶏もものみぞれ煮

**材料**

| | |
|---|---|
| ■鶏もも肉 | 400g |
| ■大根おろし | 1/2本分 |
| 米粉 | 大さじ1 |
| ☆しょうゆ | 大さじ2 |
| ☆酒 | 大さじ2 |
| ☆みりん | 大さじ2 |
| ☆てんさい糖 | 大さじ2 |
| ☆酢 | 大さじ1 |
| ■小ねぎ | お好みで |

**作り方**

1. 鶏肉を一口大に切ってフライパンに入れ、米粉をまぶす。
2. 1のフライパンに油を入れて中火で加熱し、焼き目がついたら裏返してフタをして弱火で火を通す。
3. 大根をおろしは余分な水分を捨て、☆を混ぜておく。
4. 2に3の大根おろしを入れて3分ほどグツグツ煮る。全体に味がなじんだら火を止め、好みで小ねぎをちらす。

## [副菜] ほくほく♡さつまいも塩バター

【材料】
- ■ さつまいも ………… 1本（350g程）
- ☆ バター ………… 10g
- ☆ 塩 ………… 小さじ1/3
- ☆ てんさい糖 ………… 小さじ1

【作り方】
1. さつまいもは皮をむいて2cm角に切り、水に10分程度さらしたら水を捨てる。耐熱容器に入れ、水大さじ1（分量外）を加え、ラップをしてレンジで5分ほど加熱する。
2. 1が箸が刺さるくらい柔らかくなったら☆と和える。

## [副菜] ゆで卵とブロッコリーのハニーマスタード和え

【材料】
- ■ 卵 ………… 2個
- ■ ブロッコリー ………… 1/2株
- ■ コーン缶 ………… 1個（50g）
- ☆ マヨネーズ ………… 大さじ1
- ☆ マスタード ………… 大さじ1
- ☆ めんつゆ ………… 小さじ1
- ☆ はちみつ ………… 小さじ1

【作り方】
1. 卵は固ゆでにする。
2. ブロッコリーは小房に切り、耐熱容器に入れてラップをかけ、レンジで3分ほど加熱する。
3. ボウルに水気を切ったコーンと、粗熱を取った1と2と☆を入れて混ぜる（ゆで卵は混ぜながら粗く潰せばOK）。

## [汁物] にんじんとわかめのお味噌汁

【材料】
- ■ にんじん ………… 1/3本
- 乾燥わかめ ………… 大さじ2
- だし ………… 1ℓ
- 味噌 ………… 大さじ3

【作り方】
1. 鍋にだしを入れて沸かしたら、細切りしたにんじんを入れ、柔らかくなるまで煮る。
2. わかめを入れて、味噌を溶き入れたら、煮立つまえに火を止める。

# 木曜日

## ③ 週目

えび、アボカド、チーズの間違いない組み合わせで春巻き。揚げ物にはあっさりめの副菜を！

### この日の材料まとめ

- むきえび（冷凍）…200g
- アボカド…1個
- 春巻きの皮…10枚
- もやし…1袋
- 小松菜…1株
- きゅうり…1本
- キムチ…150g
- キャベツ…1/4玉
- しめじ…1/2袋
- えのき…1/2袋

後半の買い出し 木曜日

---

[主菜] かりかりプリプリ！ えびアボチーズ春巻き

**材料**
- むきえび（冷凍）……200g
- アボカド……1個
- 春巻きの皮……10枚
- ☆マヨネーズ……大さじ3
- ☆塩……小さじ1/2
- ☆レモン汁……小さじ1
- スライスチーズ……5枚
- 米油……深さ3cm程度

**作り方**

1. エビは解凍して1cm角に切ってキッチンペーパーなどで水分をふき取り、アボカドも1cm角に切る。
2. 1と☆を混ぜる。
3. 春巻きの皮1枚に、スライスチーズ1/2枚をのせ、2を10等分してのせて巻き、巻き終わりを水溶き片栗粉（分量外 ＊水と片栗粉1:1）でとめる。残りも同様に巻く。
4. 鍋に油を3cm程度入れ、170℃に熱して3をこんがりと揚げる。

## [副菜] 手間なし！ もやしと小松菜のごまナムル

**材料**
- もやし　　　　　　　1袋
- 小松菜　　　　　　　1株
- ☆すりごま　　　　　大さじ2
- ☆しょうゆ　　　　　大さじ1
- ☆酢　　　　　　　　大さじ1
- ☆てんさい糖　　　　小さじ1
- ☆鶏ガラスープの素　小さじ1

**作り方**
1. 小松菜は2cmの長さに切り、もやしと一緒に耐熱容器に入れラップをしてレンジで4分加熱する。
2. 粗熱が取れたら☆を入れて混ぜ、冷やして完成。

## [副菜] シンプルうまい♡キムチきゅうり和え

**材料**
- きゅうり　　　　　　1本
- キムチ　　　　　　　150g
- 塩　　　　　　　　　小さじ1/4
- ☆ごま油　　　　　　小さじ1
- ☆めんつゆ　　　　　小さじ1

**作り方**
1. きゅうりはめん棒などで叩いてから、食べやすい大きさに切る。ポリ袋に入れ、塩を入れてもむ。10分おいたら、水分をギュッと絞る。
2. キムチを刻んで1と☆を和える。

## [汁物] しめじキャベツ中華スープ

**材料**
- キャベツ　　　　　　1/4玉
- しめじ　　　　　　　1/2袋
- えのき　　　　　　　1/2袋
- 水　　　　　　　　　1ℓ
- ☆塩　　　　　　　　小さじ1/2
- ☆鶏ガラスープの素　大さじ2

**作り方**
1. キャベツは細切りにし、しめじとえのきは石づきを取っておく。
2. 鍋に水を入れて沸かしたら1と☆を入れて野菜が柔らかくなるまで煮て火を止める。

# 金曜日

## 3 週目

前日余ったキムチを
この日のメインに。
副菜のごぼうメニューは
レンジでラクラク完成！

### この日の材料まとめ

- 豚こま切れ肉…400g
- もやし…1袋
- えのき…1/2袋
- キムチ…250g
- ごぼう…1本
- きゅうり…2本
- さつまいも…2/3本（200g程）
- 鶏ひき肉…150g
- 大根…1/4本

---

[主菜]　ボリューム満点！　絶品豚こまキムチ

**材料**
- 豚こま切れ肉………400g
- もやし………1袋
- えのき………1/2袋
- 米油………大さじ1
- ☆酒………大さじ2
- ☆しょうゆ………大さじ1
- ☆鶏ガラスープの素………小さじ2
- キムチ………250g

**作り方**
1. フライパンに油を入れて、豚こま肉を中火で炒める。
2. 火が通ったらもやしとキムチと石づきを取ったえのきも追加して炒めて火を通す。
3. 2に☆を加えてよくからむまで炒める。

## [副菜] 食感抜群♪きゅうりとごぼうのマヨサラダ

**材料**
- ごぼう ……………………… 1本
- きゅうり（細切り）……… 2本
- 塩 …………………………… 小さじ1/3
- ☆マヨネーズ ……………… 大さじ2
- ☆しょうゆ ………………… 小さじ1
- ☆てんさい糖 ……………… 小さじ1

**作り方**
1. きゅうりは塩と一緒にポリ袋に入れよくもんで5分おいたら水分を絞る。
2. ごぼうは細切りにして耐熱容器で水に10分さらし、水を捨てたらラップをして4分程加熱する。
3. 粗熱が取れた2と1、☆を混ぜ合わせる。

## [副菜] レンジで簡単♡さつまいもの甘煮

**材料**
- さつまいも ……………… 2/3本（200g程）
- ☆水 ………………………… 大さじ5
- ☆みりん …………………… 大さじ5
- ☆しょうゆ ………………… 大さじ1
- ☆てんさい糖 ……………… 大さじ2

**作り方**
1. さつまいもの皮を綺麗に洗ったら、むかずに1cmの輪切りにして耐熱容器で水に10分ほどさらす。
2. 水を捨てたらそこに☆を入れてラップをして5分加熱し、1度取り出して裏返したら追加で3分加熱して完成。

## [汁物] 大根とひき肉のとろとろスープ

**材料**
- 鶏ひき肉 …………………… 150g
- 大根 ………………………… 1/4本
- 米油 ………………………… 小さじ1
- ☆しょうが（すりおろし）… 小さじ1
- ☆塩 ………………………… 小さじ1/2
- ☆鶏ガラスープの素 ……… 小さじ5
- ☆水 ………………………… 700㎖

**作り方**
1. 鍋に油を入れたらひき肉を中火で炒めて火を通す。
2. 大根は厚さ5mmのいちょう切りにして1に入れ、さっと炒める。
3. 2に☆を入れて大根が柔らかくなるまで煮たら火を止める。

# 土曜日

## ③ 週目

ごぼうは子どもも
食べやすいよう薄切りに。
副菜の冷奴は時間がないときでも
作れる簡単さ

### この日の材料まとめ

- 豚こま切れ肉…400g
- ごぼう…1本
- しめじ…1/2袋
- 大根…1/3本
- 絹ごし豆腐…300g
- 小ねぎ…少々
- 玉ねぎ…1個
- さつまいも…1/3本（100g程）

後半の買い出し 木曜日 THU

---

[主菜] 絶品♡豚とごぼうとしめじの和風炒め

**材料**

- 豚こま切れ肉 400g
- ごぼう 1本
- しめじ 1/2袋
- 米油 小さじ2
- ☆しょうゆ 大さじ2
- ☆酒 大さじ2
- ☆みりん 大さじ2
- ☆てんさい糖 大さじ2
- ☆白だし 大さじ1

**作り方**

1. ごぼうは斜め薄切りにして水に10分さらしておく。しめじは石づきを取っておく（冷凍のまま調理OK）。
2. フライパンに油を入れて豚肉を中火で炒め、火が通ったら1を加え、ごぼうに火を通す。
3. 2に☆も加え、とろっとなじむまで炒める。

## [副菜] ぱりぽりが止まらない！大根のさっぱり漬け

**材料**
- ■大根 ……………… 1/3本
- 塩 ……………… 小さじ1/3
- ☆てんさい糖 ……………… 大さじ1
- ☆酢 ……………… 大さじ1
- ☆しょうゆ ……………… 大さじ1
- ☆白だし ……………… 小さじ2

**作り方**
1. 8mmくらいの拍子木切りにした大根を塩と一緒にポリ袋に入れよく揉んだら10分置き水分を切る。
2. 1をジップロックに移したらそこに☆も入れよくもんで30分以上置いて完成。

## [副菜] コツなし！超速だしやっこ

**材料** 1人分
- ■絹ごし豆腐 ……………… 100g
- 天かす ……………… 大さじ1
- ☆めんつゆと水1:1 ……………… 大さじ1
- ■小ねぎ ……………… 少々
- きざみのり ……………… 少々

**作り方**
1. 豆腐を皿にのせたら、☆をかけて、天かす、小ねぎ、きざみのりを散らして完成。

※子どもに出す場合はこの分量の半分

## [汁物] 玉ねぎとさつまいものお味噌汁

**材料**
- ■玉ねぎ ……………… 1個
- ■さつまいも ……………… 1/3本（100g程）
- だし ……………… 1ℓ
- 味噌 ……………… 大さじ3

**作り方**
1. 玉ねぎは薄切りにする。さつまいもは一口大に切って水に5分さらして水気を切っておく。
2. 鍋にだしを沸かして1を入れ、具材が柔らかくなったら味噌を溶き入れ、火を止める。

# 日曜日

**3 週目**

メインは炊飯器にお任せメニュー。
玉ねぎサラダは息子絶賛、
やみつきになる味！

## この日の材料まとめ

- 鶏もも肉…2枚（450g）
- トマト…3個
- キャベツ…1/4玉
- 玉ねぎ…1個
- ツナ缶…1個
- 小松菜…2株
- 卵…2個
- えのき…1/2袋
- 絹ごし豆腐…200g

後半の買い出し 木曜日 THU

---

[主菜] ほろほろ♡トマキャベチキン

**材料**
- ■鶏もも肉………2枚（450g）
- ■トマト………3個
- ■キャベツ………1/4個
- ☆水………100mℓ
- ☆クレイジーソルト………大さじ1
- ☆コンソメ………大さじ1/2
- ☆酒………大さじ1
- ☆てんさい糖………小さじ2

**作り方**
1. 鶏もも肉は一口大に切る。トマトは1cm角に切り、キャベツはざく切りにしておく。
2. 炊飯器に1と☆を入れ、普通炊飯で炊く。

## [副菜] また作って！と子どもにいわれたツナたまサラダ

**材料**
- 玉ねぎ ……………… 1個
- ツナ缶 ……………… 1個（70g）
- ☆ごま油 …………… 大さじ1
- ☆しょうゆ ………… 大さじ2
- ☆酢 ………………… 大さじ2
- ☆てんさい糖 ……… 小さじ5

**作り方**
1. 玉ねぎを超薄切り（あればスライサーで）にして水に10分ほどさらし、ツナは水分を切っておく。
2. 水気を切った玉ねぎとツナと☆を混ぜて完成。

## [副菜] 小松菜と卵の簡単マヨソテー

**材料**
- 小松菜 ……………… 2株
- 卵 …………………… 2個
- マヨネーズ ………… 大さじ1
- めんつゆ …………… 小さじ2

**作り方**
1. 小松菜を3cm幅のざく切りにする。卵は溶いて、めんつゆを加えて混ぜておく。
2. フライパンにマヨネーズを入れ、中火で1の小松菜がしんなりするまで炒める。
3. 1の溶き卵をまわし入れて1分程さっと炒める。

## [汁物] えのきと豆腐のお味噌汁

**材料**
- だし ………………… 1ℓ
- えのき ……………… 1/2袋
- 絹ごし豆腐 ………… 200g
- 味噌 ………………… 大さじ3

**作り方**
1. えのきは石づきを取る（冷凍のまま調理OK）。豆腐は一口大に切っておく。
2. 鍋でだしを沸かしたら1を入れ、火が通ったら、味噌を溶き入れて火を止める。

## 3週目 前半の買い出し 月曜日　合計3,760円

- 鶏ひき肉…450g
- れんこん…100g
- 小ねぎ…1束
- ちくわ…1袋(4本)
- にんじん…1本
- トマト…1個
- きゅうり…2本
- しめじ…1袋
- 大根…1本
- たら切り身…3切れ
- 大葉…5枚
- ブロッコリー…1株
- さつまいも…1個
- ツナ缶…1個(70g)
- もやし…1袋
- 卵…1パック
- コーン缶…1個(50g)
- 鶏もも肉…2枚(400g)
- 絹ごし豆腐…300g

## 3週目 後半の買い出し 木曜日　合計5,260円

- むきえび(冷凍)…200g
- アボカド…1個
- 春巻きの皮…10枚
- もやし…2袋
- 小松菜…1袋
- きゅうり…3本
- キムチ…1パック(400g)
- キャベツ…1/2個
- しめじ…1袋
- えのき…2袋
- 豚こま切れ肉…800g
- ごぼう…2本
- さつまいも…1本
- 鶏ひき肉…150g
- 大根…1/2本
- 絹ごし豆腐…350g
- 玉ねぎ…3個
- ツナ缶…1個(70g)
- トマト…3個
- 鶏もも肉…2枚(450g)

### 1週間の合計　合計9,020円

COLUMN

# 物足りない日の3分副菜

副菜2品で物足りないときのサイドメニュー！
おつまみにも最適な3品です。

### 枝豆ペペロン

**材料**
- 冷凍枝豆　　　　　　100g
- にんにく（みじん切り）　小さじ1
- ☆クレイジーソルト　　小さじ1/2
- ☆オリーブオイル　　　小さじ2
- ☆鷹の爪（小口切り）　小さじ1/2

**作り方**
1. 耐熱容器に枝豆とにんにく、☆を入れ、ラップをかけレンジで2～3分加熱する。

### アボカドちくわの明太和え

**材料**
- アボカド　　　　　　1個
- ちくわ　　　　　　　1本
- 明太子　　　　　　　60g
- ☆マヨネーズ　　　　大さじ2
- ☆めんつゆ　　　　　小さじ1/2

**作り方**
1. アボカドは1cm角に切る。ちくわは1cm幅に切る。明太子は薄皮を取り除いておく。
2. ☆と1を和えて完成。

### トマトクリームチーズ和え

**材料**
- トマト　　　　　　　1個
- クリームチーズ　　　2個（30g）
- ☆オリーブオイル　　小さじ2
- ☆はちみつ　　　　　小さじ1
- ☆レモン汁　　　　　小さじ1
- ☆塩　　　　　　　　小さじ1/6
- ☆ブラックペッパー　適量
- ☆乾燥パセリ　　　　適量

**作り方**
1. トマトは1cm角に切る。クリームチーズは食べやすい大きさに手でちぎる。
2. ボウルに☆と1を合わせて和える。

# 月曜日  週目

### この日の材料まとめ

- 鶏もも肉…2枚（400g）
- モッツァレラチーズ（ひと口タイプ）…1袋
- アボカド…1個
- なす…2本
- トマト…2個
- にんにく…1かけ
- ブロッコリー…1/2株
- ツナ缶…1個（70g）
- 玉ねぎ…2個

*Monday Tuesday Wednesday Thursday Friday Satday Sunday*

メインのタレはハニーマスタードで絶妙な美味しさ！

## ① [主菜] 相性抜群 ♡ アボチーチキン

**材料**

- 鶏もも肉 ……………… 2枚（400g）
- モッツァレラチーズ（ひと口タイプ）
  …………………………………… 1袋
- アボカド ……………………… 1個
- オリーブオイル …………… 大さじ3
- 酒 …………………………… 大さじ3
- ☆酢 ………………………… 大さじ2
- ☆粒マスタード …………… 大さじ2
- ☆はちみつ ………………… 大さじ1
- ☆クレイジーソルト ……… 小さじ1

**作り方**

1. フライパンにオリーブオイルを熱し鶏肉を皮側から強火で焼き、焼き目がついたら裏返し、酒を入れてフタをして弱火で火を通してから火を止め粗熱を取る。
2. ひと口大に切ったアボカドとモッツァレラチーズと☆と■（油ごと）を合わせ入れ、全体に和える。
※鶏肉を焼くときに油が飛ぶので気をつける

## ② [副菜] レンジで一発！ トマトとなすのガーリックマリネ

**材料**

- なす …………………………… 2本
- トマト（小さめ）……………… 2個
- にんにく（スライス）…… 1かけ分
- ☆オリーブオイル ………… 大さじ1
- ☆酒 ………………………… 大さじ1
- ☆クレイジーソルト …… 小さじ1/2
- ☆しょうゆ ……………… 小さじ1/2
- ☆レモン汁 ………………… 小さじ1

**作り方**

1. なすは水に5分さらしてから、乱切りに、トマトは2cm角に切り、ニンニクは薄くスライスにする。
2. 耐熱容器に■と☆を入れてラップをしたらレンジで4分加熱する。

## ③ [副菜] ツナとブロッコリーのマヨ和え

**材料**

- ブロッコリー ……………… 1/2株
- ツナ缶 ………………… 1個（70g）
- ☆マヨネーズ ……………… 大さじ2
- ☆コンソメ（顆粒）……… 小さじ1/3

**作り方**

1. ブロッコリーを小房に分けたら耐熱容器に入れてラップをしてレンジで3分加熱して粗熱をとる。
2. 汁気を切ったツナ、■と☆を和える。

## ④ [汁物] オニオンスープ

**材料**

- バター ……………………… 10g
- 玉ねぎ（みじん切り）……… 2個
- ☆水 ………………………… 700㎖
- ☆塩 ……………………… 小さじ1/2
- ☆コンソメ（顆粒）………… 大さじ1

**作り方**

1. 鍋にバターを溶かしたら玉ねぎを入れてしんなりするまで弱火でじっくり炒める。
2. ■に☆を入れ、ひと煮立ちさせたら完成。

# 火曜日

### ④ 週目

汁だくで淡白なクリーム炒めに野菜多めの健康メニュー！

## この日の材料まとめ

- 鶏むね肉…450g ● しめじ…1袋 ● なす…2本 ● ピーマン…2個 ● にんじん…1/2本
- 卵…1個 ● 絹ごし豆腐…400g ● ピザ用チーズ…50g

前半の買い出し 月曜日

---

[主菜] 鶏むね肉としめじのコクうまクリーム炒め

### 材料

| | |
|---|---|
| ■鶏むね肉 | 450g |
| ■しめじ | 1袋 |
| バター | 20g |
| 米粉 | 大さじ3 |
| ☆牛乳 | 500㎖ |
| ■☆ピザ用チーズ | 50g |
| ☆塩 | 小さじ1/2 |
| ☆コンソメ（顆粒） | 大さじ1 |

### 作り方

1. 鶏むね肉を1cm厚さに切り、米粉大さじ1をまぶす。しめじは石づきを取っておく。
2. フライパンにバターを入れて鶏むね肉を中火で焼く。色が変わってきたら裏返し、しめじも加えて火を通す。
3. 米粉大さじ2を2に入れ、粉っぽさがなくなるまで混ぜたら☆を加え、グツグツしたら3分ほど加熱して混ぜて完成。

## [副菜] 5分で完成！ なすとピーマンの照り焼き

**材料**
- ■なす……………………2本
- ■ピーマン………………2本
- 米油………………………小さじ2
- ☆しょうゆ………………小さじ2
- ☆酒………………………小さじ2
- ☆みりん…………………小さじ2
- ☆てんさい糖……………小さじ2

**作り方**
1. なすとピーマンを乱切りにしておく。
2. フライパンに油を入れて熱し、1を加えて中火で2分ほど炒める。☆を入れとろっとするまで炒め合わせる。

## [副菜] レンジで簡単！ にんじんしりしり

**材料**
- ■にんじん………………1/2本
- ■卵………………………1個
- めんつゆ…………………小さじ2

**作り方**
1. にんじんは細切りにして耐熱容器に入れてラップをして3分加熱する。
2. 1に溶いた卵と分量のめんつゆを入れ、ラップをしてレンジで1分加熱する。

## [汁物] 豆腐とのりのスープ

**材料**
- ■絹ごし豆腐……………400g
- ☆水………………………1ℓ
- ☆塩………………………小さじ1/2
- ☆鶏ガラスープの素……大さじ2
- 焼きのり…………………お好み量

**作り方**
1. 豆腐を食べやすい大きさに切る。
2. 鍋に☆を入れて沸かしたら1を入れ30秒ほど中火にかけて火を止める。
3. 器に2を盛り、焼きのりをちぎって入れる。

# 水曜日

## ④ 週目

間違いなく美味しい甘辛炒めが
メインディッシュ。
副菜のピーマン煮浸しは
インスタでも大人気のメニュー！

### この日の材料まとめ

- 鶏手羽中…20本
- ピーマン…8個
- エリンギ…1パック
- こんにゃく…100g
- にんにく…1かけ
- にんじん…1/2本
- 大根…1/4本
- 小ねぎ…少々

---

[主菜] 定番中の定番！ 手羽中の甘辛炒め

**材料**

| | |
|---|---|
| ■鶏手羽中 | 20本 |
| 米油 | 小さじ2 |
| ☆酒 | 大さじ1 |
| ☆みりん | 大さじ2 |
| ☆しょうゆ | 大さじ2 |
| ☆てんさい糖 | 小さじ4 |

**作り方**

1. フライパンに油を入れて中火にかけ、手羽元を時々裏返しながら火が通るまで両面を焼く。
2. フライパンの余分な油をふき取って、☆を入れて味をからめたら、汁気がなくなるまで炒める。

## [副菜] じゅわっと絶品♡レンジでピーマンの煮浸し

**材料**
- ■ ピーマン……8個
- ☆白だし……大さじ1
- ☆しょうゆ……大さじ1
- ☆酢……小さじ1
- ☆てんさい糖……小さじ1
- ☆水……大さじ2
- かつお節……大さじ2

**作り方**
1. ピーマンのヘタとタネを取る。
2. 耐熱容器に☆と1を入れラップをかけてレンジで5分加熱し、かつお節をまぶして完成。

## [副菜] 食感も楽しめる♪エリンギとこんにゃくのピリ辛炒め

**材料**
- ■ エリンギ……1パック
- ■ こんにゃく……100g（アク抜き不要のもの使用）
- バター……10g
- ☆めんつゆ……小さじ4
- ☆ポン酢……小さじ2
- ■ にんにく……1かけ

**作り方**
1. エリンギ、こんにゃく、にんにくを薄切りにしておく。
2. フライパンにバターを敷いたらにんにくを入れ、弱火で炒めて、香りが立ったらエリンギとこんにゃくも加える。
3. 火が通ったら☆を入れ、汁気がなくなるまで炒める。

## [汁物] 大根にんじんお味噌汁

**材料**
- だし……1ℓ
- ■ にんじん……1/2本
- ■ 大根……1/4本
- 味噌……大さじ3
- ■ 小ねぎ……少々

**作り方**
1. にんじんと大根は、それぞれ薄いいちょう切りにしておく。
2. 鍋にだしを沸かしたら1を入れて煮る。野菜が柔らかくなったら味噌を溶き入れて火を止め、小ねぎをちらす。

# 木曜日

### ④ 週目

あっさり食べられる和風のパスタ。
スープは酸味と旨味でやみつきに！

## この日の材料まとめ

- スパゲッティ…240g
- ブロッコリー…1/2株
- 玉ねぎ…1/2個
- たら（切り身）…3切れ(200g)
- 絹ごし豆腐…300g
- トマト…2個
- 鶏ささみ…2本（100g）
- 長ねぎ…1/2本
- にんじん…1/2本

---

### ［主菜］ たらとブロッコリーの和風パスタ

**材料**

- スパゲッティ……240g
- ブロッコリー……1/2株
- 玉ねぎ……1/2個
- たら（切り身）……3切れ（200g）
- バター……10g
- ☆しょうゆ……大さじ2
- 刻みのり……少々
- ブラックペッパー……少々

**作り方**

1. ブロッコリーは小房に分け、玉ねぎは薄切りにする。
2. スパゲッティは表記通りに茹で、茹で上がる2分程前にブロッコリーも入れる。
3. フライパンにバターを入れ、たらと玉ねぎを中火で炒め、火が通ったら、たらの骨を取り、身をほぐす。
4. ゆで上がったパスタとブロッコリー、☆を3に入れ、味がなじむまで炒めたら器に盛り、刻みのりをのせ、ブラックペッパーをふる。

※2の工程はレンジで行ってもOK

## [副菜] 豆腐のコロコロ照り焼き

**材料**
- ■絹ごし豆腐……300g
- 米油……小さじ2
- 片栗粉……適量
- ☆みりん……大さじ1と1/2
- ☆酒……大さじ1と1/2
- ☆てんさい糖……大さじ1と1/2
- ☆しょうゆ……大さじ2

**作り方**
1. 豆腐をキッチンペーパーで包み、ラップをせずにレンジで2分加熱してから水分をふき取る。
2. 1の豆腐を2cm角に切って片栗粉をまぶす。
3. フライパンに油を入れ、2を中火で焼く。表面がすべてカリッとしたら☆を入れ、とろっとするまで炒めてからめる。

## [汁物] トマトとささみのスープ

**材料**
- 水……1ℓ
- ■トマト……2個
- ■鶏ささみ……2本(100g)
- ■長ねぎ……1/2本
- ■にんじん……1/3本
- ☆塩……小さじ1/2
- ☆しょうゆ……小さじ1
- ☆鶏ガラスープの素……小さじ4

**作り方**
1. トマトは粗みじん切りにする。長ねぎは薄切りに、にんじんは細切りにしておく。
2. 鍋に分量の水を入れて沸かしたら、ささみを入れて中火で火が通るまでゆでる。
3. 2のささみを取り出し、ほぐして鍋に戻し、1と☆も入れ具材が柔らかくなるまで煮て完成。

# 金曜日

### ④ 週目

主菜はごはんがすすむ
ガッツリおかず。
えのきときゅうりのツナ和えは
インスタでも超人気！

## この日の材料まとめ

- 豚こま切れ肉…400g  ● 白菜…1/6個  ● きゅうり…1本  ● えのき…1袋
- ツナ缶…1個（70g）  ● かぼちゃ…400g  ● にんじん…1/3本  ● 玉ねぎ…1/2個
- 絹ごし豆腐…100g  ● 卵…1個

---

### ［主菜］　豚こま白菜のとろとろ炒め

**材料**

- ■豚こま切れ肉　　　400g
- ■白菜　　　　　　　1/6玉
- 米油　　　　　　　小さじ2
- ☆酒　　　　　　　大さじ1
- ☆しょうゆ　　　　大さじ1
- ☆鶏ガラスープの素　大さじ1/2
- ☆オイスターソース　大さじ1/2
- ☆水　　　　　　　100㎖
- 水溶き片栗粉　　　大さじ1と1/3

**作り方**

1. 白菜は3cm幅のざく切りにする。
2. フライパンに油を入れ、豚肉を中火で焼く。肉の色が変わってきたら①の白菜も加えて火を通す。
3. ②に☆を加え2〜3分煮る。混ぜながら水溶き片栗粉を加え、さらに1分煮て完成。

※水溶き片栗粉は片栗粉小さじ2、水小さじ2の1:1で作っておく

## [副菜] 味見でなくなる！えのきときゅうりのツナ和え

**材料**
- きゅうり　　　　　　　1本
- 塩　　　　　　　　　　小さじ1/4
- えのき　　　　　　　　1袋
- ☆ツナ缶　　　　　　　1個（70g）
- ☆ごま油　　　　　　　大さじ1
- ☆鶏ガラスープの素　　小さじ2
- ☆めんつゆ　　　　　　大さじ1/2
- ☆レモン汁　　　　　　小さじ1
- ☆にんにく（すりおろし）小さじ1/2

**作り方**
1. きゅうりの皮をしま目にむき5cm長さの細切りにして塩と一緒にポリ袋に入れ、よくもんで5分おき水分を絞っておく。
2. えのきを5cm長さに切って耐熱容器に入れ、ラップをかけてレンジで3分加熱する。
3. 2のえのきの水分を拭いたらそこに1と☆を入れ混ぜる。

## [副菜] レンチンかぼちゃ煮物

**材料**
- かぼちゃ　　400g（皮とワタあり）
- ☆しょうゆ　　大さじ2
- ☆酒　　　　　大さじ1
- ☆みりん　　　大さじ1
- ☆てんさい糖　大さじ2
- ☆水　　　　　100ml

**作り方**
1. かぼちゃのタネとワタをとり、皮を切り落としたらひと口大に切る。
2. 耐熱容器に1と☆を入れてラップをかけてレンジで8分加熱する。かぼちゃを裏返して汁に浸して冷ますとより味が染み込んで美味しい。

## [汁物] 中華風たまごスープ

**材料**
- にんじん　　　　　　　1/3本
- 玉ねぎ　　　　　　　　1/2個
- 絹ごし豆腐　　　　　　100g
- 卵　　　　　　　　　　1個
- ごま油　　　　　　　　小さじ1
- にんにく（すりおろし）小さじ1/2
- ☆塩　　　　　　　　　小さじ1/2
- ☆鶏ガラスープの素　　小さじ5
- ☆水　　　　　　　　　1ℓ

**作り方**
1. にんじんは細切りにする。玉ねぎは薄切りにする。にんにくはすりおろす。卵は溶いておき、豆腐は食べやすい大きさに切っておく。
2. 鍋にごま油を入れ、にんじんと玉ねぎ、にんにくを中火で炒め、玉ねぎがしんなりしたら☆を入れてにんじんが柔らかくなるまで煮る。
3. 2に豆腐を入れ、沸騰したら卵を回し入れ火を止める。

# 土曜日

## 4 週目

ちょっと変わったマヨベースの春雨サラダが絶品！

### この日の材料まとめ

- 豚こま切れ肉…400g
- 長ねぎ…1/2本
- きゅうり…1本
- 春雨（乾燥）…80g
- カニカマ…5本
- 大根…1/4本
- なす…1本
- 白菜（残りもの）…1/12

---

[主菜] 豚こま塩だれ炒め

**材料**

- 豚こま切れ肉　400g
- 長ねぎ（斜め薄切り）　1/2本分
- 片栗粉　大さじ1
- 米油　大さじ1
- ☆酒　大さじ1
- ☆しょうゆ　大さじ1/2
- ☆酢　大さじ2
- ☆塩　小さじ1/3
- ☆鶏ガラスープの素　小さじ2
- ☆はちみつ　小さじ2

**作り方**

1. 豚こま切れ肉に片栗粉をまぶしたら、フライパンに油を入れて中火で焼き火を通す。
2. 1にネギを加えてさっと炒め、油がまわったら☆も加え、とろっとして全体になじむまで炒める。

## [副菜] 食べたらハマる！マヨ春雨サラダ

**材料**
- きゅうり（細切り） 1本分
- 春雨（乾燥） 80g
- カニカマ 5本
- 塩 小さじ1/4
- ☆マヨネーズ 大さじ2
- ☆ポン酢 大さじ1と1/2
- ☆めんつゆ 大さじ1と1/2
- ☆ごま油 大さじ1
- ☆てんさい糖 小さじ1
- ☆わさび 小さじ1

**作り方**
1. 春雨と水400㎖（分量外）を耐熱容器に入れてラップをせずにレンジで5分加熱する。春雨は冷水に入れて冷まし、ざるにあげて水気を切る。
2. ポリ袋にきゅうりと塩を入れてもみ5分置いて水分を絞る。
3. ボウルに1の春雨、2のきゅうり、さいたカニカマ、☆を合わせて混ぜる。

## [副菜] ジュワッと美味しい！大根ステーキ

**材料**
- 大根 1/4本
- バター 10g
- ☆みりん 大さじ2
- ☆しょうゆ 大さじ2
- ☆はちみつ 大さじ1
- 白ごま 少々

**作り方**
1. 大根を1.5cm厚さの輪切りにし、両面格子状に切り込みを入れて耐熱容器に入れラップをかけてレンジで8分加熱する。
2. フライパンにバター5gを入れて溶かしたら1を中火で両面焼く。
3. ☆を加え、とろみが出たら仕上げに残りのバター5gも入れて溶かし、白ごまをふる。

## [汁物] なすのお味噌汁

**材料**
- なす 1本
- 白菜（残りもの） 1/12
- ごま油 小さじ1
- 水 1ℓ
- 味噌 大さじ3

**作り方**
1. なすは1cmほどの半月切りにする。白菜は2cm幅のざく切りにする。
2. 鍋に油を入れて、なすを両面焼いたら、水と白菜を加えて具材が柔らかくなるまで煮る。
3. 味噌を溶かし入れて火を止める。

# 日曜日

### ④ 週目

前日の残りのカニカマは
副菜で使い切り。
子どもが苦手な大葉も細かくして
パン粉に混ぜれば大喜び！

## この日の材料まとめ

- 鶏ささみ…8本（400g） ・大葉…10枚 ・豆苗…1袋 ・コーン缶…1個（50g）
- カニカマ…5本 ・さつまいも…1本（250g） ・大根…1/8本 ・長ねぎ…1/2本

後半の買い出し 木曜日 THU

---

### [主菜]　香り抜群！ ささみ大葉カツ

**材料**

| | |
|---|---|
| ■鶏ささみ | 8本（400g） |
| ■大葉 | 10枚 |
| パン粉 | 大さじ10 |
| ☆マヨネーズ | 大さじ3 |
| ☆鶏ガラスープの素 | 小さじ2 |
| ☆塩 | 小さじ1/3 |
| 米油 | 適量 |

**作り方**

1. ささみは筋を取って4等分くらいに切り、食べやすい大きに切っておく。
2. 大葉をみじん切りにしてパン粉を混ぜておく。
3. チャック付きポリ袋に❶と☆を入れよくもみ、そのまま30分おいた後、❷をまぶし、170℃の油で火が通るまでこんがり揚げる。

## [副菜] 豆苗のマヨサラダ

**材料**
- ■豆苗 ……………………… 1袋
- ■コーン缶 ………………… 50g
- ■カニカマ ………………… 5本
- ☆マヨネーズ ……………… 大さじ1
- ☆めんつゆ ………………… 小さじ1
- ☆コチュジャン …………… 小さじ1
- すりごま …………………… 少々

**作り方**
1. 豆苗は根本を切り落とし半分に切り、コーンは水分を切っておく。カニカマは手でさいておく。
2. 豆苗を耐熱容器に入れてラップをかけたらレンジで2分加熱して水分をふき取り、粗熱がとれたら☆とコーン、カニカマを加えて和える。仕上げにすりごまをふる。

## [副菜] さつまいものきんぴら

**材料**
- ■さつまいも ……………… 1本（250g）
- 油 …………………………… 小さじ2
- ☆みりん …………………… 大さじ2
- ☆しょうゆ ………………… 大さじ1/2
- ☆白だし …………………… 大さじ1/2
- ☆てんさい糖 ……………… 大さじ1
- すりごま …………………… 少々

**作り方**
1. さつまいもの皮をむいて細切りにして10分程水にさらしてから水分をふき取る。
2. フライパンに油を入れ、1を中火で混ぜながら柔らかくなるまで炒め、☆を加えて汁気がなくなったら完成。仕上げにすりごまをふる。

## [汁物] 大根とわかめのお味噌汁

**材料**
- ■大根 ……………………… 1/8本
- 乾燥わかめ ………………… 大さじ1
- ■長ねぎ …………………… 1/2本
- だし ………………………… 1ℓ
- 味噌 ………………………… 大さじ3

**作り方**
1. 大根を細切りに、長ねぎは小口切りにする。
2. 鍋にだしを入れて火にかけ、沸いてきたら1を入れ火が通ったら、わかめを入れ、火を止めて味噌を溶き混ぜる。

## 4週目 前半の買い出し 月曜日　合計4,500円

- 鶏手羽中…20本
- ピーマン…10個
- エリンギ…1パック
- こんにゃく…100g
- 大根…1/2本
- にんじん…1本
- 鶏むね肉…400g
- しめじ…1袋
- なす…4本
- 卵…1パック（10個入）
- 絹ごし豆腐…400g
- ピザ用チーズ…100g
- 鶏もも肉…2枚（400g）
- モッツァレラチーズ…1袋
- アボカド…1個
- トマト…1個
- ブロッコリー…1株
- ツナ缶…1個（70g）
- 玉ねぎ…1個
- にんにく…1個

## 4週目 後半の買い出し 木曜日　合計4,590円

- 鶏ささみ…10本（500g）
- 大葉…10枚
- 豆苗…1袋
- コーン缶…1個（50g）
- カニカマ…1パック（10本入）
- さつまいも…250g
- 大根…1/2本
- きゅうり…2本
- なす…1本
- ツナ缶…1個（70g）
- かぼちゃ…200g
- 春雨（乾燥）…80g
- にんじん…1本
- 絹ごし豆腐…450g
- 豚こま切れ肉…800g
- たら（切り身）…3切れ
- えのき…1袋
- スパゲッティ…1袋（80g×6束）
- ブロッコリー…1株
- 玉ねぎ…1個
- 白菜…1/4個
- トマト…2個
- 長ねぎ…1本

### 1週間の合計　合計9,090円

COLUMN

# 一品で栄養満点ごはん

一品でお腹いっぱいになるごはんもののメニュー。
できるだけ野菜をたくさん入れて栄養面でもバッチリ！

## 野菜たっぷり豚ひき肉カレー

**材料**
- ☆水 300ml
- ☆豚ひき肉 250g
- ◎玉ねぎ 2個
- ◎トマト 1個
- ◎なす 1本
- ◎ピーマン 2本
- ☆ケチャップ 大さじ3
- ☆中濃ソース 大さじ2
- ☆はちみつ 大さじ1と1/2
- お好みのカレールウ 1/2箱（100g）

**作り方**
1. ◎はすべてみじん切りにする。
2. 鍋に☆と1を入れて混ぜ、カレールウをのせたらフタをして中火で加熱し、時々混ぜながらお肉や野菜に火が通ったら完成。

※1の工程はあればフードプロセッサーで行うと楽です

## レンチンビビンバ丼

**材料**

【ナムル】
- もやし 1袋
- 小松菜 2株
- にんじん 1/2本
- ☆ごま油 小さじ4
- ☆しょうゆ 小さじ1
- ☆鶏ガラスープの素 小さじ2
- ☆酢 小さじ1
- ☆にんにく（すりおろし）小さじ1/2

【肉そぼろ】
- 豚ひき肉 350g
- ☆コチュジャン 大さじ2
- ☆ごま油 大さじ1
- ☆鶏ガラスープの素 小さじ1
- ☆しょうゆ 小さじ1
- ☆てんさい糖 大さじ1

【トッピング】
- キムチ 1人80g
- 卵黄 1人1個

**作り方**

【ナムル】
1. 小松菜は食べやすい大きさに切る。にんじんは細切りにする。
2. もやしと1を耐熱容器に入れてラップをかけたらレンジで4分半加熱して☆を加えて和える。

【肉そぼろ】
1. 豚ひき肉と☆を耐熱容器に入れて混ぜたらフタをしてレンジで5分加熱、一度取り出して混ぜて、ふたたび5分半加熱して完成。

【トッピング】
1. 器にごはんを盛り、ナムルと肉そぼろ、キムチをのせ、卵黄をトッピングする。

## 炊飯器で一発ピラフ

**材料**
- 研いだ米 2合
- 水 300ml
- 鶏もも肉 1枚
- ◎キャベツ 1/8玉
- ◎にんじん 1/2本
- ◎玉ねぎ 1/2個
- ☆コンソメ（顆粒）大さじ1
- ☆塩 小さじ1/4
- バター 10g

**作り方**
1. ◎はすべて1cm角に切る。米はといでおく。
2. 炊飯器に米と分量の水、1の野菜と☆を炊飯器に入れて軽く混ぜたら鶏もも肉をのせて普通に炊飯する。
3. 炊き上がったらバターを入れ、しゃもじで混ぜながら鶏肉を小さくしたら完成。

77

# 月曜日 ⑤週目

### この日の材料まとめ

- 春雨（乾燥）…120g
- にんじん…1/3本
- ピーマン…3個
- 豚こま切れ肉…200g
- キムチ…150g
- フリルレタス…5枚
- クリームチーズ…30g
- きゅうり…1本
- れんこん…100g
- 鶏手羽元…300g
- 長ねぎ…1/2本

チャプチェはボリュームたっぷり。
副菜はさっぱり＆ヘルシーに！

## ① ［主菜］箸が止まらないチャプチェ

[材料]
- 春雨（乾燥）……120g
- にんじん……1/3本
- ピーマン……3個
- 豚こま切れ肉……200g
- 米油……小さじ2
- ☆酒、みりん、しょうゆ……各大さじ2
- ☆オイスターソース……大さじ1/2
- ☆鶏ガラスープの素……大さじ1
- ☆にんにく（すりおろし）……小さじ1
- 白ごま……少々

[作り方]
1. にんじんとピーマンはそれぞれ細切りにする。春雨は表記通りにゆでるか、レンジで戻しておく。
2. フライパンに油を入れ、豚肉を中火で炒めて色が変わってきたら1のにんじんとピーマンを加え炒める。
3. 全体に火が通ったら戻した春雨と☆を入れ、水分が飛んで全体がなじむまで炒める。お好みで白ごまをふる。

## ② ［副菜］相性抜群！ キムチーズサラダ

[材料]
- キムチ……150g
- フリルレタス……5枚
- ☆ごま油……小さじ2
- ☆めんつゆ……小さじ1
- クリームチーズ……30g

[作り方]
1. キムチはざく切りにする。レタスは食べやすい大きさにちぎる。チーズは1cm角くらいにちぎる。
2. ☆と1を和えたら完成。

## ③ ［副菜］きゅうりとれんこんの味噌マヨ和え

[材料]
- きゅうり……1本
- れんこん……100g
- ☆味噌……小さじ半分
- 塩……小さじ1/3（塩揉み用）
- ☆マヨネーズ……大さじ2
- ☆てんさい糖……小さじ2
- 白ごま……少々
- ※酢水（水1L：酢大さじ1くらいの割合）

[作り方]
1. れんこんを5mm幅のいちょう切りにしたら、酢水（分量外）に5分浸し水を捨て、ラップをかけてレンジで4分加熱する。
2. きゅうりは縦半分に切ってから斜め薄切りにしてポリ袋に塩と一緒に入れてもみ10分おいたら水分を絞る。粗熱をとった1ときゅうり、☆を和え、仕上げに白ごまをふる。

## ④ ［汁物］鶏手羽元の中華スープ

[材料]
- 鶏手羽元……300g
- 長ねぎ……1/2本
- ☆水……1ℓ
- ☆塩……小さじ1/2
- ☆鶏ガラスープの素……大さじ1
- ☆酒……大さじ2

[作り方]
1. 鍋に鶏手羽元と長ねぎ、☆を入れて火にかけ、火が通るまで煮る。

# 火曜日

## ⑤ 週目

しっかり焼いたネギと茄子が
香ばしいメインディッシュ。
サラダの手作り
シーザードレッシングが絶品！

### この日の材料まとめ

- 鶏もも肉…2枚（450g） ● 長ねぎ…1本 ● なす…2本 ● ピーマン…2個 ● もやし…1袋
- 大葉…5枚 ● フリルレタス…5枚 ● トマト…1個 ● 卵…2個 ● えのき…2/3袋
- キャベツ…1/4個

---

[主菜]　とろとろねぎとなす入り照り焼きチキン

---

【材料】
- 鶏もも肉 …………… 2枚（450g）
- 長ねぎ ……………… 1本
- なす ………………… 2本
- 米油 ………………… 小さじ2
- 酒 …………………… 大さじ1
- ☆みりん …………… 大さじ3
- ☆しょうゆ ………… 大さじ2
- ☆てんさい糖 ……… 大さじ1

【作り方】
1. 鶏もも肉は一口大に切る。長ねぎは5cm長さのぶつ切り、なすは乱切りにする。
2. フライパンに油を入れて熱し、鶏もも肉を皮から中火で焼く。焼き目がついたら裏返して酒を入れフタをして火が通るまで弱火で焼く。
3. 鶏もも肉に火が通ったら中火にして長ねぎとなすも加えて全体に焼き目をつけたら☆を入れ、とろっとするまで炒め合わせる。

## [副菜] ピーマンもやしのさっぱりレモン和え

**材料**
- ピーマン……2個
- もやし……1袋
- 大葉……5枚
- ☆ごま油……小さじ2
- ☆しょうゆ……小さじ2
- ☆レモン汁……小さじ1
- ☆鶏ガラスープの素……小さじ1

**作り方**
1. 細切りにしたピーマンともやしを耐熱容器に入れラップをかけたらレンジで4分加熱する。
2. 粗熱が取れたら千切りにした大葉と☆を入れて和える。

## [副菜] シーザーサラダ

**材料**
- フリルレタス……5枚
- トマト……1個
- 卵……2個
- ☆ヨーグルト……大さじ2
- ☆マヨネーズ……大さじ2
- ☆粉チーズ……大さじ4
- ☆レモン汁……大さじ1/2
- ☆てんさい糖……小さじ1
- ☆塩……少々
- ブラックペッパー……少々
- にんにく（すりおろし）……小さじ1/2

**作り方**
1. レンジかお鍋でゆで卵を作る。トマトは食べやすい大きさに切る。フリルレタスは食べやすくちぎっておく。
2. ボウルに☆を合わせてよく混ぜる。
3. 器に1を盛り、2のドレッシングをかける。

## [汁物] えのきとキャベツのお味噌汁

**材料**
- えのき……2/3袋
- キャベツ……1/4個
- だし……1ℓ
- 味噌……大さじ3

**作り方**
1. えのきは石づきを切り3cm長さに切る。キャベツは細切りにする。
2. 鍋にだしを入れて火にかけ、沸いてきたら1を加える。野菜が柔らかくなったら味噌を溶かして火を止める。

# 水曜日

## ⑤ 週目

野菜をふんだんに使った
栄養たっぷり和食献立。
副菜の酢のものは
切って和えるだけの簡単メニュー！

### この日の材料まとめ

- 豚ロース肉（薄切り）…16枚（350g） ● なす…2本 ● ベビーチーズ…8個
- きゅうり…1本 ● トマト…1/2個 ● 大葉…5枚 ● 絹ごし豆腐…400g ● えのき…1/6袋
- にんじん…1/2本＋1/10本 ● れんこん…100g ● 長ねぎ…1/2本

前半の買い出し
MON 月曜日

---

## [主菜] 子どもも喜ぶ！ なすチーズ肉巻き

### 材料

- ■豚ロース肉（薄切り）……16枚（350g）
- ■なす……………………………2本
- ■ベビーチーズ…………………8個
- 米粉………………………………適量
- 米油………………………………小さじ2
- ☆みりん…………………………大さじ2
- ☆しょうゆ………………………大さじ2
- ☆てんさい糖……………………大さじ2
- ☆酒………………………………大さじ2

### 作り方

1. チーズは縦半分に切る。なすは縦4等分に切ってから横半分に切る（チーズと同じくらいの長さになるように）。
2. なすとチーズを豚肉で巻いて米粉をまぶす。
3. フライパンに油を入れて熱し、2を並べて全体にこんがりと焼いたらフタをして中火で中まで火を通す。☆も加えてとろっとするまで煮詰める。

## [副菜] きゅうりとトマトのさっぱり酢のもの

**材料**
- きゅうり ……………… 1本
- トマト ………………… 1/2個
- 大葉 …………………… 5枚
- 乾燥わかめ …………… 小さじ1
- ☆酢 …………………… 大さじ5
- ☆てんさい糖 ………… 大さじ4
- ☆白だし ……………… 小さじ1
- ☆塩 …………………… 小さじ1/3
- 白ごま ………………… 少々

**作り方**
1. きゅうりは薄い小口切りにする。トマトは1cm角に切る。大葉は細切りにする。わかめは戻しておく。
2. ボウルで☆を合わせ混ぜ、1を加えて15分つけたら器に盛り、白ごまをふる。

## [副菜] えのきとにんじんのあんかけ豆腐

**材料**
- 絹ごし豆腐 …………… 400g
- えのき ………………… 1/6袋
- にんじん ……………… 1/10本
- ☆めんつゆ …………… 大さじ2
- ☆しょうゆ …………… 大さじ1
- ☆酢 …………………… 小さじ1
- ☆水 …………………… 200㎖
- 片栗粉 ………………… 小さじ2
- 水 ……………………… 大さじ1

**作り方**
1. 豆腐を耐熱容器に入れてラップをしてレンジで2分加熱する(温かくなればOK)。
2. えのきは2cm長さに切り、にんじんは細切りにする。
3. 小鍋で☆を沸かしたら2を入れて火を通し、最後に水溶き片栗粉をまわし入れて、弱火で煮てとろみがついたら1の豆腐にかける。

## [汁物] 根菜のお味噌汁

**材料**
- れんこん ……………… 100g
- にんじん ……………… 1/2本(あまり全部)
- 長ねぎ ………………… 1/2本
- だし …………………… 1ℓ
- 味噌 …………………… 大さじ3

**作り方**
1. 長ねぎは小口切りにする。れんこんとにんじんは薄くいちょう切りにしておく。
2. 鍋にだしを入れて火にかけ、沸いてきたら1を入れ、具が柔らかくなるまで煮て、味噌を溶かし入れて火を止める。

# 木曜日

## ⑤ 週目

主菜はしめじと大根おろしで
ボリュームアップ！
さらに満足感を出す麻婆茄子は
レンジで簡単に！

### この日の材料まとめ

- ぶり（切り身）…3切れ
- しめじ…1袋
- 大根…1/4本
- キャベツ…1/4玉
- しらす…30g
- カニカマ…5本
- なす…3本
- 豚ひき肉…100g
- かぼっちゃ…1/8個
- 玉ねぎ…1/2個

---

## [主菜] ぶりきのこのみぞれ煮

### 材料

| | |
|---|---|
| ■ぶり（切り身） | 3切れ |
| ■しめじ | 1袋 |
| ■大根 | 1/4本 |
| 片栗粉 | 大さじ1 |
| 米油 | 大さじ1 |
| ☆しょうゆ | 大さじ4 |
| ☆レモン汁 | 大さじ2 |
| ☆てんさい糖 | 大さじ2 |
| ☆鶏ガラスープの素 | 小さじ2 |
| 酒 | 大さじ1 |

### 作り方

1. ぶりはひと切を5等分くらいに切る。しめじは石づきをとり、大根はすりおろして水分を絞っておく。
2. ぶりに片栗粉をまぶしたらフライパンに油を入れ、中火で片面焼き、裏返したタイミングでしめじも加え酒を入れてフタをして弱火で3分ほど蒸し焼きにする。
3. そこに☆と大根おろしを加え中火に戻し、3分ほど煮る。

## [副菜] 簡単！キャベツのマヨ和え

**材料**
- キャベツ（細切り）……1/4玉
- しらす……30g
- カニカマ……5本
- 塩……小さじ1/2
- ☆ごま油……小さじ1
- ☆マヨネーズ……大さじ3
- ☆しょうゆ……大さじ1
- ☆てんさい糖……大さじ1
- 白ごま……少々

**作り方**
1. ボウルにキャベツを入れ、塩をふってもみ、10分おき、水分をよくしぼる。
2. 1に、カニカマをさいて入れ、しらすと☆を加えて和え、白ごまをふる。

## [副菜] ズボラ麻婆なす

**材料**
- なす……3本
- 豚ひき肉……100g
- ☆水……大さじ3
- ☆ごま油……大さじ1
- ☆豆板醤……大さじ1/2
- ☆てんさい糖……大さじ1/2
- ☆しょうゆ……小さじ2
- ☆片栗粉……小さじ1
- ☆鶏ガラスープの素……小さじ1
- ☆味噌……小さじ1
- ☆しょうが（すりおろし）……小さじ1/2
- ☆にんにく（すりおろし）……小さじ1/2

**作り方**
1. なすは縦6等分に切る。
2. 耐熱容器に☆を入れて混ぜ、ひき肉と1も加え混ぜる。
3. 2にラップをしてレンジで4分加熱したら取り出して混ぜ、ふたたびラップをして4分加熱して煮えたら完成。

## [汁物] かぼちゃと玉ねぎのお味噌汁

**材料**
- だし……1ℓ
- かぼちゃ……1/8個
- 玉ねぎ……1/2個
- 味噌……大さじ3

**作り方**
1. かぼちゃと玉ねぎは、それぞれ薄切りにする。
2. 鍋にだしを入れて火にかけ、1を入れ、具が柔らかくなったら味噌を溶かし入れて火を止める。

# 金曜日

## ⑤ 週目

ほんのり甘みが残る
塩こうじ唐揚げが絶品！
たくさんの野菜と
甘酸っぱいドレッシングで飽きないサラダ。

### この日の材料まとめ

- 鶏手羽中…25本
- レタス…1/4玉
- しめじ…1袋
- ベーコン…5枚
- トマト…1/2個
- クリームチーズ…30g
- 卵…5個
- 小ねぎ…大さじ3
- 小松菜…2株
- ちくわ…2本

後半の買い出し 木曜日 THU

---

[主菜] ザクザク！手羽中の塩こうじ唐揚げ

**材料**

- ■鶏手羽中……25本
- ☆にんにく（すりおろし）……小さじ1
- ☆しょうが（すりおろし）……小さじ1
- ☆塩こうじ……大さじ4
- ☆酒……大さじ1
- ☆マヨネーズ……大さじ1
- 米油……深さ2cm程
- 米粉と片栗粉（1:1）……適量

**作り方**

1. チャック付きポリ袋に手羽中と☆を入れ、よくもんで30分程度おく。
2. 鍋に油を深さ12cm程度まで入れ、170℃に加熱したら、米粉と片栗粉を1:1で混ぜたものを❶にまぶして揚げる。
3. 中まで火が通り、表面がカリッとするまで揚げたら完成。

## [副菜] ボリューム抜群！具だくさんサラダ

**材料**
- レタス　　　　　　1/4玉
- しめじ　　　　　　1袋
- ベーコン　　　　　5枚
- トマト　　　　　　1/2個
- クリームチーズ　　30g
- 米油　　　　　　　大さじ1
- 酒　　　　　　　　大さじ1
- ☆オリーブオイル　大さじ2
- ☆レモン汁　　　　大さじ2
- ☆はちみつ　　　　大さじ1
- ☆クレイジーソルト　大さじ1/2

**作り方**
1. レタスは食べやすくちぎり、しめじは石づきを取る。ベーコンは1cm幅に切る。トマトは食べやすい大きさに切る。
2. フライパンに油を入れて熱し、しめじとハムを軽く炒めたら酒を入れ、フタをして弱火で2分程焼く。フタを取り、カリッとするまで炒めて粗熱をとる。
3. ボウルでレタスと☆と2を和えて盛りつけ、トマトとちぎったクリームチーズをのせる。

## [副菜] ねぎだれ卵

**材料**
- 卵　　　　　　　　　　4個
- ☆小ねぎ（みじん切り）　大さじ3
- ☆ごま油　　　　　　　大さじ1
- ☆しょうゆ　　　　　　大さじ1
- ☆酢　　　　　　　　　大さじ1
- ☆コチュジャン　　　　大さじ1/2
- ☆てんさい糖　　　　　小さじ1

**作り方**
1. 鍋にたっぷりの水と卵を入れたら火にかける。沸騰したらそのまま8分ゆでて取り出して冷水にとり、からをむく。
2. ボウルに☆を混ぜ合わせ、1を半分に切って加え、10分ほど漬けて完成。

## [汁物] 小松菜とちくわのスープ

**材料**
- 小松菜　　　　　　　2株
- ちくわ　　　　　　　2本
- ☆水　　　　　　　　1ℓ
- ☆しょうゆ　　　　　大さじ1
- ☆鶏ガラスープの素　大さじ1

**作り方**
1. 小松菜は3cm長さのにざく切りにする。ちくわは5mm程の輪切りする。
2. 鍋に☆と1を入れて沸騰後2分程度煮る。

# 土曜日

## ⑤ 週目

麺を別でゆでるめんどくさい工程を
はぶいた簡単パスタ。
副菜も切るだけで簡単に仕上げました！

### この日の材料まとめ

- スパゲッティ…240g ● 豚ひき肉…200g ● 玉ねぎ…1/2個 ● トマト…3個
- アボカド…1個 ● クリームチーズ…2個 ● マグロ…100g ● キャベツ…1/4玉
- 小松菜…1株 ● にんじん…1/3本（前半の残り）● コーン缶…2個(100g)
- 大根…5cm ● 牛乳…500㎖

後半の買い出し
木曜日

---

[主菜] お手軽ワンパンミートソースパスタ

### 材料

- ■スパゲッティ………………240g
- ■オリーブオイル……………大さじ1
- ■豚ひき肉……………………200g
- ■玉ねぎ（みじん切り）……1/2個分
- ■トマト………………………3個
- ☆水……………………………700㎖
- ☆ケチャップ…………………大さじ10 ?
- ☆中濃ソース…………………大さじ5
- ☆てんさい糖…………………大さじ4
- ☆コンソメ（顆粒）…………大さじ1
- パセリ（乾燥）………………少々

### 作り方

1. トマトは細かくきざむ（プロセッサーがあればラク）。
2. 大きめの鍋にオリーブオイルを入れて熱し、ひき肉と玉ねぎを炒める。
3. 2のひき肉の色が変わったら1と☆を鍋に入れる。沸騰したらスパゲッティを半分に折って入れる。時々混ぜながら表示時間＋4分煮込む。器に盛り、好みでパセリをふる。

## [副菜] マグロのクリーミィーカルパッチョ

[材料]
- ■アボカド          1個
- ■クリームチーズ    2個
- ■マグロ            100g
- ☆オリーブオイル    大さじ2
- ☆しょうゆ          小さじ1
- ☆レモン汁          小さじ1
- ☆クレイジーソルト  小さじ1/2

[作り方]
1. アボカドは1cm角に切り、クリームチーズは1cm程にちぎり、マグロは食べやすい大きさに切る。
2. ボウルに☆と1を入れ和えて完成。

## [汁物] 野菜のクリームスープ

[材料]
- ■キャベツ            1/4玉
- ■小松菜              1株
- ■にんじん            1/3本
- ■コーン缶            2個(100g)
- ■大根                1/8本
- バター              10g
- 米粉                大さじ2
- 水                  400mℓ
- ■☆牛乳              500mℓ
- ☆コンソメ(顆粒)     大さじ1
- ☆塩                 小さじ1/2

[作り方]
1. キャベツ、小松菜、にんじん、大根は、それぞれ1cm角に切る。コーンは水分を切っておく。
2. 鍋にバターを入れて熱し、1を中火で3分ほど炒める。全体にバターがなじんだら米粉を入れて、粉っぽさがなくなるまで混ぜる。
3. 2に水を入れてフタをして、具材が柔らかくなるまで弱火で煮る。
4. 3に☆を加えて、とろっとするまで弱火で温めて完成。

# 日曜日

## ⑤ 週目

鶏むね肉と手作りゴマダレの相性抜群。むね肉のゆで汁で作ったカニ玉スープも絶品！

### この日の材料まとめ

- 鶏むね肉…400g
- レタス…2〜3枚
- トマト…1個
- かぼちゃ…1/8個
- ちくわ…2本
- 小松菜…2株
- なす…2本
- カニカマ…5本
- 大根…1/4本
- 卵…1個

後半の買い出し 木曜日

---

[主菜]　ボリューム満点サラダチキン

**材料**

| | |
|---|---|
| ■鶏むね肉 | 400g |
| 片栗粉 | 適量 |
| ■レタス | 2〜3枚 |
| ■トマト（薄切り） | 1個 |
| 水 | 1.5ℓ |
| 塩 | 小さじ1/2 |
| 酒 | 大さじ2 |
| ☆すりごま | 大さじ3 |
| ☆ごま油 | 大さじ2 |
| ☆はちみつ | 大さじ2 |
| ☆しょうゆ | 大さじ1 |
| ☆酢 | 小さじ1 |

**作り方**

1. お鍋に水・塩・酒を入れて沸騰させたら鶏肉を入れそのまま3分ほどゆでたらフタをして火を止めて30分ほどおく。
2. 鶏肉に火が通ったら薄く切ってレタスとトマトの上に盛りつけ、☆を混ぜたタレをかける。

### [副菜] かぼちゃとちくわのきんぴら

**材料**
- かぼちゃ……………1/8個
- ちくわ………………2本
- 米油…………………小さじ1
- ☆しょうゆ…………大さじ1と1/2
- ☆酒…………………大さじ1
- ☆みりん……………大さじ1
- ☆てんさい糖………大さじ1
- 白ごま………………少々

**作り方**
1. かぼちゃはタネとワタをとって皮をむき、ちくわは細切りにする。
2. フライパンに油を入れて熱し、かぼちゃを弱火で柔らかくなるまで炒める。
3. 2にちくわも加え、1分ほど炒めたら☆を入れて全体になじむまで1～2分炒め、白ごまをふる。

### [副菜] 小松菜となすのめんつゆ和え

**材料**
- 小松菜………………2株
- なす…………………2本
- ☆ごま油……………小さじ1
- ☆鶏ガラスープの素…小さじ1/2
- ☆めんつゆ…………小さじ2
- ☆白だし……………小さじ1

**作り方**
1. 小松菜は2cm長さのざく切りに、なすは乱切りにしたら耐熱容器に入れてラップをかけてレンジで3分加熱する。
2. 1の水分をふき取ったら☆を入れて和える。

### [汁物] カニ玉とろとろスープ

**材料**
- カニカマ……………5本
- 大根…………………1/8本
- 卵……………………1個
- 鶏肉をゆでた残り汁…1ℓ
- 鶏ガラスープの素……大さじ2
- ブラックペッパー……少々

**作り方**
1. 大根は細切りにする。カニカマは細くさく。
2. 鶏肉をゆでた残り汁に鶏ガラスープの素と大根を入れ、柔らかくなるまで煮たら、カニカマを入れる。
3. 2が沸いてきたら、溶き卵を静かにまわし入れ、すぐに火を止める。器に盛り、ブラックペッパーをふる。

## 5週目 前半の買い出し 月曜日　　合計 4,653円

- 春雨（乾燥）…120g
- にんじん…1本
- ピーマン…5個
- 豚こま切れ肉…200g
- キムチ…1パック（300g）
- フリルレタス…1袋
- ベビーチーズ…2袋
- きゅうり…2本
- れんこん…200g
- 鶏手羽元…300g（5本）
- 長ねぎ…2本
- 鶏もも肉…2枚（450g）
- なす…4本
- トマト…2個
- もやし…1袋
- 大葉…10枚
- えのき…1袋
- 絹ごし豆腐…400g
- 卵…1パック（10個入）
- 豚ロース肉（薄切り）…16枚（350g）
- キャベツ…1/4個
- クリームチーズ…1箱(6個入)

## 5週目 後半の買い出し 木曜日　　合計 5,710円

- ぶり（切り身）…3切れ
- しめじ…2袋
- 大根…1/2本
- キャベツ…1/2玉
- しらす…30g
- カニカマ…10本
- なす…5本
- 豚ひき肉…300g
- かぼちゃ…1/4個
- 玉ねぎ…1個
- レタス…1玉
- こねぎ…1束
- ベーコン…5枚
- トマト…5個
- クリームチーズ…1箱（6個入）
- コーン缶…2個（50g×2）
- 小松菜…1袋
- ちくわ…1袋
- 鶏手羽中…25本
- スパゲッティ…1袋（80g×6束）
- 牛乳…1パック（1000mℓ）
- 鶏むね肉…400g
- マグロ…100g
- アボカド…1個

\1週間の合計/
## 合計 10,363円

COLUMN

## 節約おかず

地味に美味しい安上がりの食材で
家計にうれしい節約おかずをラインナップ！

### もやしのごまマヨ和え

**材料**
- もやし ……………… 1袋
- ☆マヨネーズ ……… 大さじ2
- ☆すりごま ………… 大さじ2
- ☆てんさい糖 ……… 大さじ1
- ☆しょうゆ ………… 大さじ1/2

**作り方**
1. もやしは耐熱容器に入れてラップをかけてレンジで2分50秒加熱する。
2. 1の水分を捨て、粗熱がとれたら☆を加えて和える。

### えのきと豆苗のナムル

**材料**
- 豆苗 ………………… 1袋
- えのき ……………… 1袋
- ☆ごま油 …………… 大さじ1
- ☆ポン酢 …………… 小さじ4
- ☆コチュジャン …… 小さじ1/2

**作り方**
1. 豆苗は食べやすい長さに切る。えのきは石づきを切り、食べやすい長さに切る。
2. 耐熱容器に1を入れてラップをかけたら4分加熱する。
3. 2の水分をふきとったら☆を入れて和える。

### 玉ねぎソース冷やっこ

**材料**
- 絹ごし豆腐 ………… 150g
- 玉ねぎ ……………… 1/4個
- ☆みりん …………… 大さじ2
- ☆めんつゆ ………… 大さじ1
- ☆しょうゆ ………… 大さじ1/2
- ☆水 ………………… 大さじ2
- 大葉（せん切り）…… 少々

**作り方**
1. 玉ねぎは薄切りにする。
2. 耐熱容器に1と☆を入れ、ラップをかけたらレンジで5分ほど加熱する。
3. 器に豆腐を盛り、2をのせ、大葉を添える。

## 6週目

### この日の材料まとめ

- ぶり（切り身）…4切れ
- しめじ…1/2袋
- にんにく…1かけ
- 絹ごし豆腐…200g
- きゅうり…1/2本
- トマト…1個
- アボカド…1個
- ベビーチーズ…2個
- 玉ねぎ…1/2個
- 小ねぎ…大さじ3

前半の買い出し MON 月曜日

ぶりとしめじにからむタレが絶品！
副菜2品は切って混ぜるだけの時短メニュー

## ① ［主菜］ぶりとしめじのガーリック照り焼き

**材料**

| | |
|---|---|
| ■ ぶり（切り身） | 4切れ |
| ■ しめじ | 1/2袋 |
| ■ にんにく | 1かけ |
| 米油 | 小さじ1 |
| 米粉 | 適量 |
| ☆みりん | 大さじ3 |
| ☆酒 | 大さじ1 |
| ☆しょうゆ | 大さじ1 |
| ☆白だし | 大さじ1 |

**作り方**

1. ぶりはひと切れを4等分に切り、しめじは石づきをとり、ニンニクは薄切りにする。ぶりに米粉をまぶしておく。
2. フライパンに油を入れて、1のぶりを中火で焼く。色が変わったらしめじとにんにくを入れて火がとおるまで炒める。
3. 2に☆をからめ入れてとろっとするまで炒めて完成。

## ② ［副菜］きゅうりのごまダレ冷奴

**材料**

| | |
|---|---|
| ■ 絹ごし豆腐 | 200g |
| ■ きゅうり | 1/2本 |
| 塩 | 小さじ1/8 |
| ☆マヨネーズ | 大さじ1 |
| ☆ごま油 | 大さじ1 |
| ☆すりごま | 大さじ1 |
| ☆てんさい糖 | 小さじ2 |
| ☆酢 | 小さじ1/2 |
| ☆しょうゆ | 小さじ1/2 |

**作り方**

1. きゅうりを薄い輪切りにして塩でもみ、5分ほど置いたら水分をよく絞る。
2. ☆と1を混ぜ、器に盛った豆腐にかける。

## ③ ［副菜］アボトマチーズ塩昆布あえ

**材料**

| | |
|---|---|
| ■ トマト | 1個 |
| ■ アボカド | 1個 |
| ■ ベビーチーズ | 2個 |
| ☆塩昆布 | 大さじ2 |
| ☆ごま油 | 大さじ1 |

**作り方**

1. トマト、アボカド、チーズはそれぞれ1cmの角切りにする。
2. ボウルに☆と1を入れ、全体に和える。

## ④ ［汁物］玉ねぎの味噌汁

**材料**

| | |
|---|---|
| だし | 1ℓ |
| ■ 玉ねぎ | 1/2個 |
| ■ 小ねぎ | 大さじ3 |
| 味噌 | 大さじ3 |

**作り方**

1. 鍋にだしを入れて火にかけ、沸いてきたら、玉ねぎ、小ねぎを加えて、やわらかくなるまで煮る。
2. 1に味噌を溶かし入れて火を止める。

# 火曜日

## ❻ 週目

レモン汁をたくさん使った
さっぱり飽きない献立。
生ハム和えは
よく冷やして食べるのがおすすめ！

### この日の材料まとめ

- 鶏もも肉…2枚（350g） ● しめじ…1/2袋 ● えのき…1袋 ● 生ハム…8枚
- トマト…1個 ● 玉ねぎ…1/2個 ● 大豆（水煮）…100g ● 大根…1/4本
- にんじん…1/3本 ● 玉ねぎ…1/4個 ● 小松菜…1株

前半の買い出し　MON　月曜日

---

[主菜]　カリジュワッ！ ガーリックチキン

### 材料

| | |
|---|---|
| 鶏もも肉 | 2枚（500g） |
| オリーブオイル | 大さじ1 |
| 塩 | 小さじ1/4 |
| ☆にんにく（すりおろし） | 小さじ2 |
| ☆しょうゆ | 大さじ1 |
| ☆酒 | 大さじ2 |
| ☆レモン汁 | 大さじ1 |
| ☆はちみつ | 大さじ1 |
| パセリ（乾燥） | 少々 |

### 作り方

1. フライパンにオリーブオイルを入れて熱し、鶏肉を皮目から焼く。上面をフォークでまんべんなく刺して塩をふる。
2. 皮目をそのままじっくり中火で焼き、肉の側面も色が変わったら裏返して弱火で中まで火を通して取り出す。
3. ❷のフライパンに☆を入れ、とろっとするくらいまで煮詰めたら鶏肉にかける。パセリ（乾燥）をふり、好みでレタス（分量外）などを添える。

## [副菜] あっさり食べられる！きのこペペロン

**材料**
- しめじ……………………1/2袋
- えのき……………………1袋
- ☆オリーブオイル………大さじ2
- ☆酒…………………………大さじ1
- ☆レモン汁………………小さじ1
- ☆クレイジーソルト……大さじ1/2
- ☆にんにく（すりおろし）…小さじ1
- ☆鷹の爪（輪切り）………小さじ1
- ☆ブラックペッパー………お好みの量

**作り方**
1. しめじとえのきは石づきを切り落として耐熱容器に入れ、☆を加えて全体に混ぜる。
2. 1にラップをかけて、レンジで8分加熱する。

## [副菜] トマ玉生ハム和え

**材料**
- 生ハム……………………8枚
- トマト……………………1個
- 玉ねぎ……………………1/4個
- ☆オリーブオイル………大さじ1
- ☆レモン汁………………小さじ2
- ☆ブラックペッパー……少々
- ☆クレイジーソルト……小さじ1/2

**作り方**
1. 生ハムは4等分くらいに切る。トマトは食べやすい大きさに切る。
2. 玉ねぎはできる限り薄く切って水に5分さらしたら水分をふき取っておく。
3. ボウルに☆、1、2を入れて和える。

## [汁物] 大豆と野菜のスープ

**材料**
- 大豆（水煮）……………100g
- 大根………………………1/4本
- にんじん…………………1/3本
- 玉ねぎ……………………1/4個
- 小松菜……………………1株
- オリーブオイル…………大さじ1
- ☆塩…………………………小さじ1/2
- ☆コンソメ………………小さじ2
- ☆水…………………………700㎖

**作り方**
1. 大根、にんじん、玉ねぎ、小松菜は1cm幅に切る。
2. 鍋にオリーブオイルを入れて熱し、1と大豆を入れて中火で炒める。全体に油がなじんだら☆を入れて、具が柔らかくなるまで煮たら火を止める。

# 水曜日

## ⑥週目

ちょっと手抜きしたい日の3品献立。
メインの豚肉と大根は
味しみしみで美味しい！

### この日の材料まとめ

- 豚バラ肉…200g
- 大根…1/4本
- 卵…3個
- 小ねぎ…少々
- きゅうり…2と1/2本
- 小松菜…1株
- にんじん…1/3本
- 絹ごし豆腐…150g

前半の買い出し 月曜日

---

[主菜]　しみしみ大根と豚バラの卵とじ丼

**材料**
- 豚バラ肉……200g
- 大根……1/4本
- 卵……3個
- 米油……小さじ2
- ☆水……200ml
- ☆しょうゆ……大さじ4
- ☆てんさい糖……大さじ4
- ☆みりん……大さじ2
- ☆酒……大さじ2
- 小ねぎ……少々

**作り方**
1. 豚バラ肉は食べやすいサイズに切り、大根は1.5cm角に切っておく。
2. 油を敷いたフライパンで豚肉を中火で炒めて、火が通ったら大根と☆を入れ中火のまま落としブタをして15分ほど煮る。
3. 大根が柔らかくなったら最後に溶いた卵をまわし入れて軽く混ぜる。ごはんのうえにのせて完成。お好みで小ねぎをちらす。

## [副菜] やみつき塩ダレきゅうり

**材料**
- きゅうり ……………… 2と1/2本
- 塩 ……………………… 小さじ1/3
- ☆にんにく（すりおろし）… 1かけ分
- ☆鶏ガラスープの素 …… 大さじ1/2
- ☆塩 …………………… 小さじ1/4
- ☆ブラックペッパー …… お好みの量
- ☆ごま油 ……………… 小さじ1

**作り方**
1. きゅうりの皮をしま目にむいて1cm厚さの輪切りにする。ポリ袋にきゅうりと塩を入れてよくもんで10分おいて水分を捨てる。
2. 1と☆を合わせて全体に和える。

## [汁物] 小松菜にんじん豆腐のお味噌汁

**材料**
- だし …………………… 1ℓ
- 小松菜 ………………… 1株
- にんじん ……………… 1/3個
- 絹ごし豆腐 …………… 200g
- 味噌 …………………… 大さじ3

**作り方**
1. 小松菜は2cm幅に切る。にんじんは細切りにする。豆腐は2cm角に切る。
2. 鍋にだしを入れて火にかけ、沸いてきたら小松菜とにんじんを入れる。柔らかくなったら豆腐を入れ、豆腐が温まったら味噌を溶き入れて火を止める。

# 木曜日

## ⑥ 週目

ボリューム抜群のパンの日献立。
グラタンの難しい＆めんどくさい工程を
省いた失敗しないグラタン！

### この日の材料まとめ

- 鶏もも肉…1枚（350g）  ● 玉ねぎ…1個  ● 牛乳…700㎖  ● マカロニ（早茹で）…80g
- ピザ用チーズ…200g  ● アボカド…1個  ● むきえび（冷凍）…200g  ● にんにく…2かけ
- にんじん…1/3本  ● キャベツ…1/6玉＋1/6玉  ● トマト…2個  ● ソーセージ…5本
- 玉ねぎ…1/2個  ● じゃがいも…2個

---

### [主菜] 失敗なしのとろとろグラタン

#### 材料

| | |
|---|---|
| ■鶏もも肉 | 1枚（350g） |
| ■玉ねぎ | 1個 |
| ☆バター | 30g |
| 米粉 | 大さじ2 |
| ■☆マカロニ（早茹で） | 80g |
| ■☆牛乳 | 700㎖ |
| ☆コンソメ（顆粒） | 大さじ1 |
| ☆塩 | 小さじ1/2 |
| ■ピザ用チーズ | 200g |

#### 作り方

1. 鶏もも肉を2cm角くらいに切る。玉ねぎは薄切りにする。
2. フライパンに❶と米粉を入れ、粉っぽさがなくなるまでなじませたら☆を入れて中火にかける。
3. ❷を混ぜながら煮て、マカロニが柔らかくなったらグラタン皿に移し、チーズを全体にのせてオーブン（またはトースター）で焼き目がつくまで焼く。

## [副菜] えびアボガーリック炒め

**材料**
- アボカド ……………… 1個
- むきえび（冷凍） ……… 200g
- オリーブオイル ………… 大さじ2
- にんにく（みじん切り） … 2かけ分
- 酒 ……………………… 大さじ1
- レモン汁 ……………… 大さじ1
- クレイジーソルト ……… 大さじ1/2

**作り方**
1. アボカドは2cm角に切る。
2. フライパンにオリーブオイルを入れ、にんにくを入れたら弱火で熱し、香りが立ったらえびを入れ、水分が少なくなるまで炒める。
3. 2に酒を入れ、フタをして火を通したら☆を入れて味付けし、アボカドを加えてさっとからめる。

## [副菜] フレンチドレッシングサラダ

**材料**
- にんじん ……………… 1/3本
- キャベツ ……………… 1/6個
- ☆オリーブオイル ……… 大さじ2
- ☆酢 …………………… 大さじ1
- ☆塩 …………………… 小さじ1/2
- ☆ブラックペッパー …… たっぷり

**作り方**
1. にんじんとキャベツはそれぞれせん切りにする（にんじんはスライサーで薄くした後に包丁で細く切ると綺麗にしあがる）。
2. ボウルで1と☆を和える。

## [汁物] ごろごろトマトポトフ

**材料**
- トマト ………………… 2個
- ソーセージ …………… 5本
- 玉ねぎ ………………… 1/2個
- キャベツ ……………… 1/6個
- じゃがいも …………… 2個
- ☆水 …………………… 1ℓ
- ☆塩 …………………… 小さじ1/2
- ☆コンソメ（顆粒） …… 大さじ1

**作り方**
1. トマトは1cm角に切る。玉ねぎはくし切りにする。キャベツはざく切りにする。じゃがいもは4等分くらいに切る。
2. 鍋に1と☆を入れたら火にかけてフタをして柔らかくなるまで煮る。
3. 2にソーセージを入れてさっと煮る。

# 金曜日

## ⑥ 週目

じゃがいもとチーズで作る
コロッケは子どもが絶賛。
副菜は野菜を使った
ヘルシーなメニューに！

## この日の材料まとめ

- じゃがいも…4個（400g）
- モッツァレラチーズ（ひと口サイズ）…1袋
- きゅうり…1本
- タコ（刺身用）…120g
- 大根…1/4本（2cm×3）
- 油揚げ…1枚
- 長ねぎ…1/3本
- にんじん…1/3本

後半の買い出し
THU 木曜日

---

### [主菜] チーズインポテトフライ

**材料**

- じゃがいも……………4個（400g）
- モッツァレラチーズ（ひと口サイズ）……………1袋
- てんさい糖……………小さじ2
- コンソメ（顆粒）……………小さじ1
- ☆米粉……………大さじ4
- ☆水……………大さじ4
- ☆卵……………1個
- 米油……………深さ1cm程
- パン粉……………適量

**作り方**

1. じゃがいもは皮をむいて一口大に切る。耐熱容器に入れてラップをかけてレンジで8分加熱する。
2. 1のじゃがいもを熱いうちによくつぶしたら、てんさい糖とコンソメを入れて混ぜる。
3. モッツァレラチーズを2で包んで丸く整え、☆を混ぜたものにつけてからパン粉をまぶして170℃の油でこんがり揚げる。

## [副菜] たこときゅうりの酢のもの

**材料**
- きゅうり　　　　　　1本
- タコ（刺身用）　　　120g
- 乾燥わかめ　　　　　小さじ1
- ☆酢　　　　　　　　大さじ3
- ☆てんさい糖　　　　大さじ2
- ☆しょうゆ　　　　　大さじ1

**作り方**
1. きゅうりはしま目に皮をむいたら薄い輪切りにする。タコは薄切りにする。わかめは水で戻しておく。
2. わかめが柔らかくなったら水分を切り、1のきゅうりとタコ、☆を加えて和える。

## [副菜] 味噌だれ大根

**材料**
- 大根　　　　　　　　1/4本（2cm×3）
- ☆みりん　　　　　　大さじ2
- ☆味噌　　　　　　　大さじ1
- ☆てんさい糖　　　　小さじ2
- ☆水　　　　　　　　大さじ1
- 白ごま　　　　　　　少々

**作り方**
1. 大根は2cm厚さの輪切りにして、皮を厚めにむき、十字に切り込みを入れておく。
2. 耐熱容器に1と、ひたひたの水を入れてラップをかけたらレンジで10分程加熱する（箸がスッととおればOK）。
3. 別の耐熱容器に☆を入れ、ラップをせずに2分加熱して2にかける。お好みでごまをふる。

## [汁物] ねぎと油揚げの味噌汁

**材料**
- だし　　　　　　　　1ℓ
- 油揚げ　　　　　　　1枚
- 長ねぎ　　　　　　　1/3本
- にんじん　　　　　　1/3本
- 味噌　　　　　　　　大さじ3

**作り方**
1. にんじんは細切りにする。長ねぎは斜め薄切りにする。
2. 油揚げは少量の熱湯（分量外）でさっと煮て油ぬきをしてから食べやすい大きさに切る。
3. 鍋にだしを入れて火にかけ、沸いてきたら1と2を加えて柔らかくなったら火を止めて味噌を溶かし入れる。

# 土曜日

## 6 週目

ねぎたっぷりのピリ辛ダレが絶品！
木曜日に余ったえびは鶏のゆで汁で
スープにして使い切り。

### この日の材料まとめ

- 鶏むね肉…1枚（400g）
- 長ねぎ…2/3本
- にんにく…2かけ
- 大根…1/4本
- きゅうり…1本
- キャベツ…1/6個
- むきえび（冷凍）…150g
- エリンギ…1/2袋
- 小ねぎ…大さじ3

---

## [主菜] 鶏ハムのねぎダレがけ

### 材料

- 鶏むね肉……1枚（400g）
- 長ねぎ……2/3本
- にんにく（みじん切り）……2かけ
- ☆しょうゆ……大さじ2
- ☆酢……大さじ2
- ☆ごま油……大さじ1
- ☆はちみつ……大さじ1と1/2
- ☆豆板醤……大さじ1/2
- ☆鶏ガラスープの素……小さじ1
- ☆白ごま……大さじ1
- 片栗粉……大さじ2
- 塩……小さじ1/2
- 水……1ℓ

### 作り方

1. 鶏むね肉に片栗粉と塩をまぶしておく。
2. お鍋でお湯を沸かしたら1を入れフタをして超弱火で8分、その後火を消してフタをしたまま30分ほど置く。
3. 薄く斜め切りにしたねぎ、みじん切りにしたにんにく、☆を混ぜておき、切った鶏むね肉にかけたら完成。

## [副菜] 大根きゅうりツナわかめの中華サラダ

**材料**
- 大根 ─────── 1/4本
- きゅうり ─────── 1本
- 乾燥わかめ ─────── 大さじ1
- ☆すりごま ─────── 大さじ2
- ☆ごま油 ─────── 大さじ1
- ☆ぽん酢 ─────── 大さじ1
- ☆めんつゆ ─────── 大さじ1
- ☆コチュジャン ─────── 大さじ1/2
- 塩 ─────── 小さじ1/2

**作り方**
1. 大根ときゅうりは細切りにしてポリ袋に入れ、塩をふってもむ。10分したら水分を絞る。
2. 水で戻したわかめ、1と☆を和えたら完成。

## [副菜] キャベツのコチュジャン和え

**材料**
- キャベツ ─────── 1/6個
- ☆塩昆布 ─────── 大さじ1
- ☆かつお節 ─────── 大さじ1
- ☆マヨネーズ ─────── 大さじ1
- ☆しょうゆ ─────── 小さじ1

**作り方**
1. キャベツは大きめにちぎって耐熱容器に入れ、ラップをかけてレンジで1分半加熱する。
2. 1の水分を捨てたら☆を入れ、全体に和える。

## [汁物] えび小松菜卵のスープ

**材料**
- むきえび（冷凍） ─────── 150g
- エリンギ ─────── 1/2袋
- 小ねぎ（前半の残り） ─────── 大さじ3
- ゆで汁の残り＋水 ─────── 1ℓ
- 鶏ガラスープの素 ─────── 大さじ1

**作り方**
1. エリンギは縦横半分に切ったら5mm幅に切る。
2. 鍋に鶏むね肉をゆでた残り汁に水を加えたものを入れ、えびと1、鶏ガラスープの素を加えて、火が通ったら小ねぎをのせる。

# 日曜日

## 6 週目

定番の生姜焼きは
はちみつ＆ケチャップで濃厚に。
エリンギ卵はバター＆マヨネーズで
香ばしく！

### この日の材料まとめ

- 豚ロース肉（薄切り）…15枚（350g）
- 玉ねぎ…1個
- 油揚げ…1枚
- 小松菜…1株（前半の残り）
- にんじん…1/3本
- エリンギ…1/2袋
- 卵…2個
- なめこ…1袋
- 絹ごし豆腐…300g

後半の買い出し 木曜日

---

[主菜] 豚の生姜焼き

**材料**

| | |
|---|---|
| 豚ロース肉（薄切り） | 15枚（350g） |
| 玉ねぎ | 1個 |
| 米油 | 小さじ2 |
| 米粉 | 適量 |
| ☆しょうが（すりおろし） | 小さじ2 |
| ☆にんにく（すりおろし） | 小さじ1/2 |
| ☆しょうゆ | 大さじ3 |
| ☆酒 | 大さじ2 |
| ☆みりん | 大さじ2 |
| ☆はちみつ | 大さじ1 |
| ☆ケチャップ | 小さじ1 |

**作り方**

1. 玉ねぎは薄く切る。☆は混ぜ合わせておく。豚肉は1枚1枚に米粉をふる。
2. フライパンに油を入れて、豚肉を中火で焼く。火が通ったら玉ねぎも入れ柔らかくなるまで炒める（玉ねぎを下に入れ上にお肉を重ねるようにすると玉ねぎに早く火が通るし豚肉は焦げない）。
3. 2に☆を入れて、とろっとするまで3分ほど炒める。

## [副菜] 油揚げ小松菜にんじん和え

**材料**
- 油揚げ　　　　1枚
- 小松菜　　　　1株（前半の残り）
- にんじん　　　1/3本
- ☆めんつゆ　　大さじ1
- ☆白だし　　　大さじ1
- ☆水　　　　　大さじ4

**作り方**
1. にんじんと油揚げは5mm幅の細切りにする。小松菜は2cm幅のざく切りにする。
2. 耐熱容器に1と☆を入れ、ラップをしてレンジで5分加熱したら完成。

## [副菜] エリンギ卵

**材料**
- エリンギ　　　　1/2袋
- 卵　　　　　　　2個
- バター　　　　　5g
- ☆マヨネーズ　　小さじ1
- ☆めんつゆ　　　小さじ1
- ☆ブラックペッパー　少々

**作り方**
1. エリンギは縦横半分に切ってから薄く切る。フライパンにバターを入れ、中火でエリンギを焼いて火を通す。
2. 卵をときほぐして☆を混ぜたら、エリンギを焼いているフライパンに加えてサッと混ぜ、すぐに火を消す。

## [汁物] 豆腐となめこのお味噌汁

**材料**
- なめこ　　　　　1袋
- 絹ごし豆腐　　　300g
- だし　　　　　　1ℓ
- 味噌　　　　　　大さじ3

**作り方**
1. なめこは軽く水洗いしておく。豆腐は食べやすい大きさに切っておく。
2. 鍋にだしを入れて沸かしたら、なめこを入れて、火が通ったら1の豆腐を入れて1分程加熱してから火を止めて、味噌を溶かし入れる。

## 6週目 前半の買い出し 月曜日　　合計 3,580円

- たら（切り身）…3切れ
- しめじ…1袋
- にんじん…1本
- 大根…1/2本
- 絹ごし豆腐…400g
- きゅうり…3本
- トマト…2個
- アボカド…1個
- ベビーチーズ…1袋（4個入）
- 玉ねぎ…1個
- 小ねぎ…1束
- 鶏もも肉…2枚（500g）
- 小松菜…1株（冷凍して後半も使う）
- にんにく…1個
- 大豆の水煮…50g
- えのき…1袋
- 生ハム…8枚
- 豚バラ肉…200g
- 卵…1パック（10個入）

## 6週目 後半の買い出し 木曜日　　合計 5,838円

- 鶏もも肉…1枚（350g）
- 玉ねぎ…2個
- ☆牛乳…1パック（1000ml）
- ☆マカロニ（早茹）…1袋（80g）
- ピザ用チーズ…200g
- アボカド…1個
- むきえび（冷凍）…350g
- ニンニク…1個
- にんじん…1本
- キャベツ…1/2個
- トマト…2個
- ソーセージ…8本
- じゃがいも…6個
- モッツァレラチーズ…1袋
- きゅうり…2本
- タコ（刺身用）…120g
- 大根…1/2本
- 油揚げ…2枚
- 長ねぎ…1本
- 鶏むね肉…1枚（400g）
- にんにく…1個
- エリンギ…1パック
- 豚ロース肉（薄切り）…15枚（350g）
- 卵…1パック
- なめこ…1袋
- 絹ごし豆腐…300g

1週間の合計　合計 9,418円

COLUMN

## 朝おにぎり

朝の忙しい時間帯でもごはんさえ炊いておけばササッと作れる♪
少しの工夫で朝のおにぎりライフが充実！

### チーズおかか大葉胡麻

| 材料 | 2個分 |
|---|---|
| ごはん | 200g |
| ☆クリームチーズ | 30g |
| ☆大葉 | 2枚 |
| ☆かつお節 | 大さじ1 |
| ☆めんつゆ | 小さじ1 |
| ☆ダミー | 大さじ1/2 |

作り方
1. 大葉はキッチンばさみで細切りに、チーズは手でちぎる。
2. ごはんに☆をすべて混ぜ合わせてかたちを作る。

### しらす小ねぎ塩昆布

| 材料 | 2個分 |
|---|---|
| ごはん | 200g |
| ☆しらす | 大さじ1 |
| ☆塩昆布 | 小さじ2 |
| ☆小ねぎ（輪切り） | 大さじ2 |
| ☆ごま油 | 小さじ1/2 |

作り方
1. ごはんに☆をすべて混ぜ合わせてかたちを作る。

### ツナキムチーズ

| 材料 | 2個分 |
|---|---|
| ごはん | 200g |
| キムチ | 50g |
| ☆ツナ缶 | 1/2個 |
| ☆クリームチーズ | 2個（30g） |
| ☆しょうゆ | 小さじ1/2 |

作り方
1. キムチはキッチンばさみで食べやすく切り、チーズは手でちぎる。
2. ごはんに☆すべて混ぜ合わせてかたちを作る。

# おわりに

Conclusion

この度は数ある料理本の中からこの本を選んでくださりありがとうございます。

毎日のレシピ検索の時間、献立や買い出しに悩む時間、
食材を使いきれないことによって起こる食品ロスを減らせるように、
"買い出しから食材使い切りまで、思考停止で作れる"
ことを目指して作り始めた本でした。

本当に食材は使い切れるか、栄養はかたよってないか、簡単に作れるかなど、
実際に私が毎日試作を繰り返し確認しながらの作業でしたし、
その撮影のほとんどを自分で行ったので、
本を完成させることは想像以上に大変で時間もかかってしまいましたが…。

みなさんの料理にかける手間やストレスを少しでも減らすこと、
そして、今まで1人でスマホを見て献立を決めていた時間が、
お子さんや大事な人と一緒にこの本を見ながら、
「今日はこれにしようか」とコミュニケーションを取れる時間に変わるなど
家庭全体として何か変化があるととても嬉しいです！

SNSで実現することは難しかった、
"1週間全体の流れ"をすべて詰め込んだこの本が
みなさんのご家庭の中で永く活躍できることを願っています！

ゆず

## PROFILE

**ゆず**

日々のリアルな献立をSNSに投稿する在宅ママ。「節約をしながらも家族の満足感や笑顔が増える食卓にしたい」そんな思いをこめて、毎日の食卓に悩むいち主婦としてはじめた等身大の献立づくりがSNSで大人気に。7歳になる息子と4歳になる娘、夫との家族4人暮らし。

Instagram
https://www.instagram.com/pikapika0506/

思考停止で作れる！
ゆずのゆる無添加献立レシピ
1食ひとり300円台で6週間

2024年12月3日　初版発行

| | |
|---|---|
| 著 | ゆず |
| 発行者 | 山下直久 |
| 編集長 | 藤田明子 |
| 担　当 | 岡本真一 |
| 装　丁 | Boogie Design |
| 編　集 | ホビー書籍編集部 |
| 発　行 | 株式会社KADOKAWA<br>〒102-8177 東京都千代田区富士見2-13-3<br>TEL：0570-002-301（ナビダイヤル） |
| 印刷・製本 | 大日本印刷株式会社 |

本書の無断複製（コピー、スキャン、デジタル化等）並びに無断複製物の譲渡および配信は、著作権法上での例外を除き禁じられています。また、本書を代行業者等の第三者に依頼して複製する行為は、たとえ個人や家庭内での利用であっても一切認められておりません。

●お問い合わせ
https://www.kadokawa.co.jp/（「お問い合わせ」へお進みください）
※内容によっては、お答えできない場合があります。
※サポートは日本国内のみとさせていただきます。
※Japanese text only

定価はカバーに表示してあります。

©Yuzu 2024 Printed in Japan
ISBN 978-4-04-738064-6 C0077